GOETHES ITALIENISCHE REISE

Michael Ruetz

GOETHES ITALIENISCHE REISE

›Auch ich in Arkadien‹

Hanser

Mit einem Vorwort von Norbert Miller

ISBN 3-446-14130-8.
Umschlag und Typographie von Klaus Detjen
Reproduktionen: ABC Klischee Albert Bauer KG, Hamburg
Satz: Nagel Fototype GmbH, Berlin
Druck: Passavia AG, Passau
Bindung: R. Oldenbourg, München
Printed in Germany

Dedico questo libro ad
Angela Siemonsen,
musa in fuga

M. R.

DER DICHTER ALS LANDSCHAFTSMALER

Zu Goethes Umgang mit der Wahrnehmung

Am Ende seiner Italienreise, im Oktober 1787, zog sich Goethe aus seinem zweiten römischen Aufenthalt für ein paar schöne Tage in die ländliche Abgeschiedenheit von Castel Gandolfo zurück, um in geselliger Runde »bei mildem, durchaus heiterem, herrlichem Wetter« die Landschaft zu genießen. Ans Zeichnen vor der Natur war gedacht, jedenfalls vorsorglich Zeichenmappe, Feder, Kreide und Tusche eingepackt. Der Zufall ließ Goethe dort einer jungen Mailänderin begegnen, in die er sich rasch und heftig verliebte. Aus dem Abstand von vierzig Jahren hat er 1829 die Romanze zu einer Episode seines Reisebuches ausgebaut, der einzigen, die novellistische Züge trägt. Das Werben um das schöne Mädchen, ungezwungen in einer vom gesellschaftlichen Zwang befreiten Situation, findet ein jähes Ende, als Goethe unversehens bei einer Abendunterhaltung erfahren muß, daß die junge Mailänderin verlobt ist und in Kürze heiraten wird. Unter einem Vorwand macht er sich von der Gesellschaft los und stürzt in die einbrechende Nacht hinaus: »Ich kam spät nach Hause, und des andern Morgens früh machte ich, meine Mappe unter dem Arm, einen weiteren Weg, mit der Entschuldigung, nicht zur Tafel zu kommen.« Das Zeichnen wird zum Heilmittel, die konzentrierte Aufmerksamkeit für die Landschaft unterwirft die Leidenschaft dem strengen Gebot des Objektiven. Zugleich aber gewinnt der Blick in die Natur aus der Empfindung eine vorher nicht gekannte Sehschärfe und Belebung: »Ich wendete mich abermals rasch zu der inzwischen vernachlässigten landschaftlichen Natur und suchte sie so treu als möglich nachzubilden, mehr aber gelang mir, sie besser zu sehen. Das wenige Technische, was ich besaß, reichte kaum zu dem unscheinbarsten Umriß hin, aber die Fülle der Körperlichkeit, die uns jene Gegend in Felsen und Bäumen, Auf- und Abstiegen, stillen Seen, belebten Bächen entgegenbringt, war meinem Auge beinahe fühlbarer als sonst, und ich konnte dem Schmerz nicht feind werden, der mir den innern und äußern Sinn in dem Grade zu schärfen geeignet war.«

Die Trennung in Umriß und Bild, in handwerksmäßig aufgenommenes Notat und in die mit den inneren Sinnen erfaßte, späterer künstlerischer Ausarbeitung vorbehaltene Naturansicht entspricht ganz dem herrschenden Künstlerbrauch und den ästhetischen Grundsätzen der Zeit. Goethe hat sich während der *Italienischen Reise* immer daran gehalten, zunächst noch ohne viel Nachdenken und in einer Art innerem Widerspruch, da es sein impulsives Temperament nach dem aus dem Augenblick geschaffenen Spiegelbild des Gesehenen drängte, später dann in Rom und Neapel, als er sich unter dem Einfluß seiner Künstlerfreunde auf das Studium der Landschaftsmalerei einließ, in einer genau kontrollierten, aus Einsicht in die Gesetzmäßigkeiten der Kunst erwachsenen Selbstunterwerfung vor der Natur. Der Zeichner nimmt zwei Bilder mit nach Hause, die Skizze, auf Begrenzungslinien beschränkt, auf die Verteilung der Massen, die Staffelung der Gründe, die Heraushebung des charakteristischen Details und vielleicht noch auf paar Angaben über das Zueinander von Licht- und Schattenzonen, und das innere Bild, zu dem die Sinne die vielfachen Eindrücke aus dem verfliegenden Moment der Wahrnehmung durch die Erinnerung bereithalten: die Farben und Lichter, den Himmel und seine Spiegelung in den Gewässern, die Stimmung, die alle Einzelheiten für den Sehenden zum Ganzen bindet, das pulsierende Leben in jeder Landschaft. Die Zeichnungen und Aquarelle, die

Goethe und sein künstlerischer Adjunkt, der junge Maler Christian Heinrich Kniep, auf ihrer Reise durch Sizilien angefertigt haben, gehorchen alle dieser Grundregel für Landschaftsmaler, daß erst der ruhige Schaffensvorgang des Malens in die vor Ort genommenen Umrisse wahre Anschauung hineinzulegen vermöge, daß nur die künstlerische Besonnenheit die Vedute zum erfreulichen Bild zu gestalten wisse. Richtende Instanz war dabei die Natur. Ihr hatte sich, nach Goethes in Italien frei angenommener Überzeugung, der Künstler auch dort in sorgsamstem Bestreben anzubequemen, wo er durch die eigene Empfindung oder Laune in seinem Ausdruckswillen affiziert ist. Die angestrengten Studien während eines zweiten römischen Aufenthalts hatten ihn in dieser Ansicht eher noch bestärkt; denn waren nicht alle seine Bemühungen als Naturforscher, Archäologe, Kunstkenner und Zeichner gleichermaßen auf das Verstehen ausgerichtet, auf die Einsicht in das vom Ich unabhängige Gesetz?

Nach einem so jähen Umbruch frohester Aussichten und nach einer Erschütterung eben aufgekeimter Gefühle – beides ruft immerhin noch im Abstand beim Dichter das Schicksal Werthers in Erinnerung! – bedeutete der morgendliche Ausflug in die Albaner Berge eine gründlichere Verwandlung seiner Kunstauffassungen, als das die konventionellen Begriffe seines Berichts bei flüchtigem Lesen andeuten. Aus der inneren Erregung des Künstlers, Beseligung oder Verstörung, schärfen sich die inneren und äußeren Sinne. Natur und Subjekt verschmelzen erst im Ausnahmeaugenblick einer so gesteigerten Wahrnehmung. Da werden Raum und Linie, Farbe und Licht wie mit einem Zauberstab berührt und geben ihr Geheimnis preis, das zu einem Teil eben auch das Geheimnis des wahrnehmenden Subjekts ist. Auch die sorgsamste Kunstübung kann – so Goethes Überzeugung seit diesen Oktobertagen – die »Landschaft nach der Natur« nur dann zum gelungenen Bild umschaffen, wenn diese Erregung darin weiterschwingt. Damit überwindet Goethe den bis dahin eingenommenen Standpunkt, dessen Prämissen aber nicht preisgegeben werden. Damit wird für ihn schöpferische Künstler-Einsicht möglich, auch wenn das »wenige Technische« kaum zu dem unscheinbarsten Umriß hinreichte. Ein Schlüsselerlebnis Goethes wie die Begegnung mit Homers Nausikaa in der griechischen Natur des östlichen Sizilien oder wie der abendliche Blick über die Bucht von Neapel, den von Lava überflossenen Rücken des Vesuvs vom Mond überstrahlt, wie der letzte Anblick der Tempel von Paestum, aus dem er die Fremdheit und das eigene Schönheitsgesetz der Antike als größte Idee mit nach Hause nimmt, und wie die lockende Versuchung durch eine antike Statue aus Neapel, die kurz vor dem Ende der Reise den Gedanken in ihm wachrief, die klassische Gegenwelt doch lebendig über die Berge hinüberzuretten. Und wie die anderen Schlüsselerlebnisse ist auch dieses im gleichen Moment noch ins Innerste geborgen, für spätere und späte Erinnerung aufbewahrt. Im Gegensatz zu seinem römischen Freundeskreis, den zeitlebens in der Aura Italiens wirkenden Malern und Kunstkennern, hatte ja für den Reisenden Goethe jede, auch die intensivste Begegnung den Charakter des Vorläufigen, nur im Rückblick Dauernden. Umriß und später ausgeführtes Gemälde – das war fast ein Gleichnis für seine Situation während der Italienreise. Aber erst in der Hinwendung des enttäuschten Liebenden zur beseelten Landschaft muß Goethe die Tragweite des Gedankens ganz aufgegangen sein.

Der Bericht im *Zweiten römischen Aufenthalt* arrangiert bereits den Vorabend auf dieses Ereignis hin: Der neue Ton über der Gegend, weder dem Sonnenuntergang noch den Lüften des Abends allein zuzuschreiben, die intensivere, aller malerischen Kunst überlegene Abschattierung der Landschaft und die Abendstimmung werden auf die Vorahnung des Glücks zurückgeführt. Auch werden Sonnenuntergang und Erwachen aus dem Glückstraum ganz pointiert in den gleichen Augenblick zusammengedrängt. Die erzwungene Beruhigung in der Natur, in die das Entsetzen der vergangenen Nacht noch hineinwirkt, zieht da scheinbar nur die Summe aus diesem Verwandlungsvorgang. In den erhaltenen Briefen wird die Metamorphose nur diskret angedeutet. Die Mailänderin wird nebenher erwähnt, der Zauberkreis aus Villegiatur, bedrohter Idylle und Begegnung mit der Natur erscheint nur in der Abbreviatur: »Ich mag von meinem Leben keine Beschreibung machen, es sieht gar zu lustig aus. Vor allem beschäftigt mich das Landschaftszeichnen, wozu dieser Himmel und diese Erde vorzüglich einlädt. Sogar hab ich einige Idyllen gefunden. Was werd ich nicht noch alles machen.« Aber neben seinen Briefen, in denen er zur Aussparung und zum Verbergen gezwungen war, gestaltete Goethe das Erlebnis zum Gedicht um, zu einem ins Graziöse gebildeten Mythos. In *Amor als Landschafts-*

maler, im Oktober 1787 unter dem Eindruck seiner Romanze geschrieben, maskiert sich Goethe in das anakreontische Schäferkostüm seiner Jugend, das ja in vielen Einzelheiten der hellenistischen Kultur entspricht, wie er sie in Rom und Neapel, in den Versen der Bukoliker und in den pompejanischen Wandbildern auf hesperischem Boden wiedergefunden hatte. Amor begegnet dem ratlosen Künstler als der vollkommene Landschaftsmaler. Er schafft, was der Schüler nie zu hoffen wagt, die belebte Natur. Wenn seine Mutter Venus für den Bildhauer Pygmalion dessen Statue zum Leben erweckte, so vermag ihr Sohn noch mehr: Aus dem aufgezogenen Malgrund des Nebels läßt er die Natur und die Geliebte gleichermaßen lebendig werden. Und willig folgt sein Schüler in diese Traumwelt nach:

Amor als Landschaftsmaler

Saß ich früh auf einer Felsenspitze,
Sah mit starrem Auge in den Nebel;
Wie ein grau grundiertes Tuch gespannet,
Deckt' er alles in die Breit' und Höhe.

Stellt' ein Knabe sich mir an die Seite,
Sagte: »Lieber Freund, wie magst du starrend
Auf das leere Tuch gelassen schauen?
Hast du denn zum Malen und zum Bilden
Alle Lust auf ewig wohl verloren?«

Und er richtete den Zeigefinger,
Der so rötlich war wie eine Rose,
Nach dem weiten, ausgespannten Teppich,
Fing mit seinem Finger an zu zeichnen:

Oben malt' er eine schöne Sonne,
Die mir in die Augen mächtig glänzte,
Und den Saum der Wolken macht' er golden,
Ließ die Strahlen durch die Wolken dringen;
Malte dann die zarten, leichten Wipfel
Frisch erquickter Bäume, zog die Hügel,
Einen nach dem andern, frei dahinter;
Unten ließ er's nicht an Wasser fehlen,
Zeichnete den Fluß so ganz natürlich,
Daß er schien im Sonnenstrahl zu glitzern,
Daß er schien am hohen Rand zu rauschen.

Mit spitzem Finger zeichnet Amor ans Ende des Wäldchens, in den kräftigen Widerschein der Sonne, das allerliebste Mädchen, daß dem Zuschauer vor der Kunstfertigkeit zu schwindeln beginnt:

Da ich noch so rede, sieh, da rühret
Sich ein Windchen und bewegt die Gipfel,
Kräuselt alle Wellen auf dem Flusse,
Füllt den Schleier des vollkommenen Mädchens –
Und, was mich Erstaunten mehr erstaunte,
Fängt das Mädchen an den Fuß zu rühren,
Geht zu kommen, nähert sich dem Orte,
Wo ich mit dem losen Lehrer sitze.

Da nun alles, alles sich bewegte,
Bäume, Fluß und Blumen und der Schleier
Und der zarte Fuß der Allerschönsten;
Glaubt ihr wohl, ich sei auf meinem Felsen
Wie ein Felsen still und fest geblieben?

Gemalte Liebschaften und Marmorstatuen umgeben Goethe in Italien: die Juno Ludovisi, die heilige Rosalia in Palermo, schließlich die tanzende Muse aus dem Palazzo Caraffa Colombrano in Neapel. Sie verbinden sich mit den Gestalten seiner Phantasie, mit Iphigenie, den beiden Leonoren und Nausikaa. Der Pygmalion-Mythos ist eines der beherrschenden Themen und Sinnbilder der *Italienischen Reise.* Hier verbindet sich der Mythos mit der einzigen Romanze dieser Lebensepoche und mit dem Geheimnis des Landschaftsehens.

Den Reisenden von Stand, der sich um 1750 auf den vorgebahnten Pfaden der Kavaliersreise nach Italien begab, begleiteten außer wenig zuverlässigen Landkarten und den Aufstellungen über die Post- und Fuhrverbindungen zwei Arten von Büchern, um das Kennenlernen der fremden Städte und Landschaften zu erleichtern: zum einen die üblichen, meist schwergewichtigen, mehrbändigen Reisehandbücher, die darum mühsam zu benutzen waren, wie *Nouveau Voyage d'Italie* (zuerst Haag 1691) von Maximilien Misson oder Thomas Nugents Werk: *The Grand Tour* (zuerst London 1749, Italien im dritten Band!), wie Johann Georg Keyßlers *Neueste Reisen durch Teutschland..., die Schweitz, Italien, und Lothringen* (zwei Bände, zuerst Hannover 1740) oder später das unter Winckelmanns Einfluß geschriebene Werk Johann Jakob Volckmanns: *Historisch-kritische Nachrichten von Italien* (drei Bände, Leipzig 1770), das Goethe vor allem benutzt hat. Zum anderen waren es die knapper und persönlicher gehaltenen Berichte früherer Reisender, seien es französische Diplomaten oder müßiggehende englische Adlige, seien es Altertumskenner, Schriftsteller oder Künstler, die ihre ausgewählten Mitteilungen über die italienischen Staats- und Wirtschaftsverhältnisse, über Sammlungen und berühmte Monumente, über den Karneval und die Kirchenfeste, mit vereinzelten Bemerkungen zum Eindruck, den die italienische Landschaft auf sie machte, oder mit Reiseanekdoten durchsetzten. Die Route lag in den Grundzügen ebenso fest wie der Kanon des Sehenswerten. Eine eigene wissenschaftliche Disziplin – die Apodemik – bestimmte bis an das Ende des 18. Jahrhunderts das sehr breite Feld der Gegenstände, an dem sich der Italienbesucher zu bilden hatte. Die Anschauung war dabei der Vermehrung der realen Kenntnisse so entschieden untergeordnet, daß die meisten der begleitenden Bücher ganz oder fast ohne Bilder auskamen. Zwar bereitet sich der Geschmackswandel in den Reiseberichten früh vor – der englische Aufklärungs-Publizist Joseph Addison gibt schon 1705 in seinen *Remarks on Several Parts of Italy* erste Versuche dichterischer, mit der Malerei rivalisierender Landschaftsschilderungen – und spiegelt sich in einer ganzen Reihe veröffentlichter oder nur zum privaten Gebrauch bestimmter Korrespondenzen wider. Aber vor der Jahrhundertmitte ergaben sich daraus für die Italien-Bücher keine Konsequenzen. Wollte man sich wie Goethe auch auf den Anblick des Südens vorbereiten, so konnte man sich nur in den heimischen Bibliotheken anhand von Stichwerken zur Architektur oder mit Hilfe von Veduten, die Stadtansichten oder einzelne Gebäude darstellten, einen schematischen Eindruck verschaffen. Im Haus am Hirschgraben hatte der junge Goethe die gemessen-begeisterten Erzählungen seines Vaters von dessen Italienfahrt durch den täglichen Umgang mit den römischen Prospekten ergänzt, »gestochen von einigen geschickten Vorgängern des Piranesi, die sich auf Architektur und Perspektive wohl verstanden, und deren Nadel sehr deutlich und schätzbar ist«. Engelsburg und Kolosseum, Petersplatz und Piazza del Popolo prägten sich dem Knaben ein und verfolgten noch den reifen Mann bei seiner Flucht nach Italien. Dagegen hatten es die Grund- und Aufrisse aus den *Quattro Libri d'Architettura* des Andrea Palladio und die späteren Stichsammlungen zu dessen Bauten schwer, sich in der Vorstellungskraft Goethes festzusetzen: Die erste Begegnung mit den Schöpfungen Palladios machte die Differenz zur Vorerwartung sofort deutlich. Aber auch die handwerksmäßig hergestellten Stadtansichten erwiesen sich, bei Goethe wie bei allen Italien-Pilgern der zweiten Jahrhunderthälfte, als unzureichend, um die Erwartung wirklich zu stimulieren oder gar um den in Venedig oder Rom gewonnenen Eindruck angemessen in der Kunst zu spiegeln.

Seit 1740 hatte sich denn auch die bis dahin verachtete Gattung der Vedute aus der Mediokrität gelöst, bloß Merkzeichen zu sein für den Reisenden, eingefügt in einen der ortsüblichen Stadtführer, und sich neu an der Landschaftsmalerei orientiert. Das Idealbild der italienischen Landschaft hatten im 17. Jahrhundert die beiden in Rom wirkenden französischen Maler Nicolas Poussin und Claude Gellée, genannt Lorrain, mit ihrer Schule formuliert: als heroische Idylle, als Beschwörung des goldenen Zeitalters der Antike aus der von klassischen Denkmälern übersäten Landschaft zwischen Rom und Neapel. Zauberhafte, atmosphärisch dichte und zugleich duftige, lavierte Zeichnungen hielten diesen Eindruck des Wirklichen fest, aus dem der Künstler dann seine ins Vollkommene durchgebildeten Visionen eines römischen Arkadien gestaltete. Von dieser Malerei blieb die Vorstellung der italienischen Landschaft bis ans Ende des 18. Jahrhunderts geprägt, in Italien ebenso wie überall in Europa. Wollte sich die Vedute zur Kunstform befreien, so mußte sie, als Gemälde oder als Radierung, die heroische Landschaftsmalerei des 17. Jahrhunderts für ihre Zwecke nutzbar machen. In Venedig war es besonders Antonio Canale, genannt Canaletto, der um 1740 sowohl der Vedutenmalerei wie der Radierkunst neue Impulse gab. Seine bei den englischen Kunstkennern vielgefragten, festlichen Venedig-Ansichten ersetzten die idealisierte Natur der römischen Campagna durch die ganz unklassische Realität Venedigs und der Terraferma. Dieser unklassischen, in ihren Lichtwirkungen jedoch überwirklichen, die Gunst herausfordernden Realität der Flußläufe und Kanäle, der Marktflecken und Binnenhäfen, der verschwiegenen Idyllen und der einsam stehenden Monumente widmete der Maler, der sich für die Wiedergabe seiner Ölbilder mit den vergleichsweise trockenen Stichen Visentinis begnügt hatte, die herrliche Folge seiner Landschaftsradierungen: *Vedute – Altre prese da i Luoghi, altre ideate* (nach 1744), die er dem englischen Konsul Joseph Smith zueignete. Wie im Interesse für die Architektur Andrea Palladios, das um 1720 in Venedig und London wiedererwachte, waren sich englische und venezianische Kenner und Liebhaber auch in der Naturauffassung einig: Canalettos Kunst entsprach genau dem englischen Idealbild einer natürlichen Landschaft aus der ungezwungenen Vielfalt des Anmutigen, wie es schon früh im 18. Jahrhundert Alexander Pope formuliert hatte. In seinen Stichen erkannte Canaletto der Vedute als dem genau zu identifizierenden oder – im Falle der freien Landschaftserfindung – glaubwürdigen Abbild des Wirklichen den Vorrang vor der Idealisierung des Klassischen zu: Auch die antiken Reminiszenzen und die frei imaginierten Architekturen gehorchen dem gleichen Gesetz der Wiedererkennbarkeit wie die Ansichten von Padua oder von der Brenta. Allerdings ist auch für den Radierer Antonio Canaletto immer die Atmosphäre das Wundermittel, um auf seinen Blättern Realität und Traum, Nachahmung und Capriccio zu verbinden.

Rom hat sich erst später und nur zögernd der neuen Richtung angeschlossen: Die Vedute stand während der ersten Jahrhunderthälfte in keinem hohen Ansehen. Als Einzelblätter und als Illustrationen zu den üblichen Rom-Guiden für die Reisenden wurden rohe Umrisse der Altertümer, der Kirchen und Palazzi angefertigt, die keinen anderen Zweck erfüllten, als das Auffinden der Monumente durch eine schematisch-getreue Buchung der Merkmale zu erleichtern. Oft genug begnügten sich die Verleger, ältere und älteste Radierungen einfach nachzustechen oder wiederaufzulegen. Erst mit der Übersiedelung des aus Palermo stammenden Giuseppe Vasi und des Venezianers Giovanni Battista Piranesi nach Rom ändern sich nach 1740 Anspruch und Geltung der Vedute. Größe und Herrlichkeit Roms, *Le Magnificenze di Roma,* sollten so eindringlich in der Radierung festgehalten werden, daß sie für den Reisenden als Erinnerung präsent blieben. In Hunderten von Blättern gab Vasi ein vollständiges Bild Roms, präzis in Kontur und Raumbeschreibung, lebhaft in der Vergegenwärtigung der Straßen und Märkte, die Radierung sorgsam abschattiert und zu einem Landschaftsstück *en miniature* ausgestattet. Aber erst Piranesis frühe *Vedute di Roma* bewirken eine Wendung: Sie suchen Eigenart und Verzauberung der römischen Stadtansichten auf die gleiche Weise einzufangen wie die venezianischen Künstler um Canaletto das Ambiente ihrer Stadt. Und sie rivalisieren schon im Format unmißverständlich mit der großen Landschaftsmalerei des 17. Jahrhunderts. Bis dahin hatten auch die französischen Künstler, die ihr Stipendium in die Akademie nach Rom geführt hatte, und Piranesi selbst das Veduten-Radieren als kunstlosen Broterwerb für römische Buchhändler getrieben. Wenn Giuseppe Vasi seinem Schüler Piranesi vorwarf, er habe für die Vedute zu viel Phantasie und sei zu sehr Maler, um ein guter Stecher zu sein, so zeigt diese Trennung in Malerei und Radierkunst die Fortdauer aus dem 17. Jahrhundert stammender Vorurteile, an denen die römischen und die französischen Kunstkenner gleichermaßen festhielten. So geht auch Piranesi einen anderen Weg als sein bewundertes Vorbild Canaletto: Er sucht nicht die Landschaft nach der Natur, sondern die heroische Landschaftsvision. Wo dieser größte Vedutist und Radierer seiner Zeit die Schaubilder römischer Größe zum Rang einer eigenständigen Kunst der Architektur-Landschaft steigern wollte, geschah es immer durch die gleiche Anverwandlung an die melancholisch getönte Ideallandschaft des 17. Jahrhunderts. Claude Lorrain und Salvator Rosa bleiben seine Vorbilder, wenn er seine bis in das winzigste archäologische Detail korrekten Ansichten der Altertümer in Stadt und Land durch abenteuerliche Blickverkürzungen, durch phantastische Staffagen und durch eine Einbettung in wucherndes Dornröschen-Gestrüpp ins Visionäre übersteigert. In der Begegnung mit den französischen Rom-Stipendiaten, vor allem mit Hubert Robert, hatte Piranesi in den späten fünfziger Jahren zuerst damit begonnen, seine vor der Natur unternommenen Antiken-Studien immer mehr einer magisch wirksamen Naturdarstellung anzunähern und so Schauder und Verzauberung als subjektives Wahrnehmungsmoment in die Vedute hineinzunehmen. Besonders die lange Folge seiner Tivoli-Ansichten zeigte vor der Entdeckung Paestums diesen Typus der Landschaftsvision. Und es ist charakteristisch, daß er hier, wo er zum einzigen Mal auch reine Landschaftsdarstellungen gibt: die Ansicht der großen Kaskade und das Wunderwerk der »Cascatelle«, im Streben nach einem dramatischen Verhältnis zwischen Ansicht und Ideal befangen bleibt, das aus der Vorprägung der Landschaft durch das Wahrnehmungsraster Arkadien und Goldenes Zeitalter ihm melancholisch auferlegt schien. Dagegen blieb die reich entfaltete Werkstattübung der eigentlichen Vedute, sei es als Einzelblatt oder Zyklus, als buntes Malwerk oder als Illustration zu römischen Reiseführern, ausnahmslos, auch wenn sie sich durch das Wirken des Neapolitaners Giuseppe Vasi und des Venezianers Piranesi weit von den trostlosen Anfängen um 1700 weiterentwickelt hatte, in der vom Metier auferlegten Beschränkung der gemalten oder gestochenen Ansichtskarten stecken. Giuseppe Vasi war ein bedeutender Radierer und ein vorzüglicher Zeichner, aber jedes seiner Blätter trägt die ängstliche Sorge um die nachprüfbare Richtigkeit als Kunsthemmnis mit sich. Und auch jüngere, freier herangebildete Vedutisten behalten bis ans Ende des Jahrhunderts einen Stich ins Ungelenke als Charakteristikum der Gattung bei. Das gilt für die Spalato-Ansichten Robert Adams wie für die Fragment gebliebenen Rom-Veduten Clérisseaus, das gilt für die Aquarelle und Bilder von Desprets und Volpato. Bleibt der Schatten Claude Lorrains und Gaspar Dugets über den phantastischen Naturansichten, so bleibt der der älteren Guiden-Illustratoren über den lockersten Brotarbeiten der römischen Vedutisten. Eine eigenständige römische Landschaftsmalerei nach 1750 hatte sich nicht entwickelt.

Wie andere Reisende auch brachte Goethe sein Italien-Bild über die Alpen nach dem Süden, einen Erwartungshorizont aus mehr oder minder dürren Bildeindrücken und aus den Idealvorstellungen Arkadiens, die Claude Lorrain und seine Nachahmer für ganz Europa fest mit der italienischen Landschaft verbunden hatten. Er liebte Poussin und Lorrain, er kannte eine Anzahl von Piranesis Radierungen, deren großsprecherischem Pathos er freilich mißtraute. Das alles ist zeitüblich. Aber Goethe war zugleich unbestritten der größte Naturdichter des 18. Jahrhunderts. Die magische Anmut in seiner frühen Leipziger und Straßburger Lyrik, die unwirsche Herausforderung der Elemente in den Frankfurter Hymnen, in ungebundenen Versen dem Wind und dem Regen entgegengesungen, und die vollkommenen Erlebnisdichtungen der Weimarer Zeit, bei denen Naturlaut und Empfindungslaut ganz eins werden, waren zumeist nur einem kleinen Kreis von Freunden bekannt und sie wirkten über den deutschen Sprachraum nicht hinaus. Die vom Ich beseelten Landschaftsskizzen in den *Leiden des jungen Werthers* dagegen stellten Goethe für das gebildete Europa neben oder über den Rousseau der *Nouvelle Héloïse* (1761). Der aus dem hyperboräischen Norden ins klassische Gefilde zog, mußte in Italien auch die Landschaft neu entdecken. Nicht nur für sich, sondern für die Künstler neben und nach ihm. Von früh an hatte Goethe als Zeichner sein Auge geschult. Er versuchte sich als Kind an bescheidenen Landschaftsausblicken, probierte während des Leipziger Studiums, unter dem Einfluß von Winckelmanns Freund Adam Friedrich Oeser, auch Reproduktionsradierungen nach fremden Landschaftsbildern, um so die Natur durch das Auge des Künstlers besser sehen zu lernen, und legte spätestens seit seiner Schweizer Reise 1775 den Grundstock zur umfangreichen Sammlung seiner eigenen Zeichnungen, in denen bis über das Ende der *Italienischen Reise* hinaus die Landschaften überwiegen. Als Zeichner blieb Goethe Dilettant. Auch das leidenschaftlichste Werben ums Metier verstellt dem Dichter nie die Einsicht, daß er zum bildenden Künstler nicht tauge. Die schönsten Zeichnungen entstehen immer dann, wenn Goethe sich über die Kunstregeln hinwegsetzt und mit unzureichender Technik den subjektiven Eindruck einer Szenerie oder einer Stimmung einfängt. Das herrliche Blatt: »Scheide Blick nach Italien vom Gotthard d. 22. Juni 1775« hält den schmerzlichen Augenblick der Umkehr im Nachbuchstabieren des Fußpfads, der nach Italien hinunterführte und im Bild der Schneeschmelze für jeden Betrachter eindringlich fest. Auch das wenig spätere Bild mit den nebeldampfenden Tälern bei Ilmenau (am 23. August 1776 für Frau von Stein gezeichnet) besticht durch die Unbedingtheit, mit der Goethe den dichterischen Moment mit den einfachsten Mitteln ins Blatt gebannt hat. Das Dilemma des Zeichners Goethe ist offenkundig, und es hat ihn durch die zwei Jahre seiner Reise nach Italien begleitet. Der Lyriker fand für den Erlebnisaugenblick, in dem Natur und Ich sich unwillkürlich wechselseitig spiegeln, spontan das sprachliche Äquivalent, sei es in der ritterlichen Nachtmetapher aus *Willkommen und Abschied* oder im verströmenden Gefühlsausdruck des *Mondlieds,* sei es in den sprachgewaltigen Beschreibungen seiner freien Rhythmen oder im Nebeneinander von Erlebnis und Gedanken:

»Alles geben Götter, die unendlichen,
Ihren Lieblingen ganz,
Alle Freuden, die unendlichen,
Alle Schmerzen, die unendlichen, ganz.

So sang ich neulich, als ich tief in einer herrlichen Mondnacht aus dem Flusse stieg, der vor meinem Garten durch die Wiesen fließt, und das bewahrheitet sich täglich an mir.«

Die Sicherheit, Herz und Welt miteinander zu fassen, geht aus dem Briefgedicht an Auguste von Stolberg (vom 17. Juli 1777) in das wenig spätere Gedicht: *An den Mond* über.

Für die Zeichenkunst schien Goethe ein gleich freies Verfahren undenkbar. Auch die momentane Erregung war für ihn an die ruhige Wahrnehmung des Gegenständlichen gebunden. Immer galt es für den Zeichner, die Umrißlinien vorab festzuhalten. Vorerwartung und Stimmung konnten erst im nachhinein, in der sorgfältigen Ausarbeitung aus dem Gedächtnis wirksam werden. Der Landschaftsmaler erschafft die Wirklichkeit neu aus der Komposition, aus der souveränen Umsetzung des vor Ort Aufgenommenen. Claude Lorrains Morgenstimmungen und Sonnenuntergänge – und seine Naturauffassung blieb in ihrer Objektivität für Goethe zeitlebens verpflichtend – fassen wie in einer Summe alle beobachteten Wechsel der Tageszeit oder der Atmosphäre zusammen. Gegen dieses Gesetz ließ der Zeichner und der Ästhetiker Goethe nie eine Ausnahme gelten. Auch die Mondschein-Landschaften, an denen er vor und während der Italienreise mit dem Ausgleich von subjektiver und objektiver Wahrnehmung experimentierte, bedeuten keine Romantisierung des künstlerischen Blicks. Wie sehr die Unmöglichkeit, den Augenblick spontan in Anschauung zu übersetzen, Goethes jugendliche Einbildungskraft andererseits gequält hat, beweisen die Zeichnungen von der Schweizer Reise, bei denen er den dürftigsten und allgemeinsten Umrissen in Worten das Detail beigab, das er »mit dem Bleistift nicht erreichen noch durchführen konnte«. Das einzig erhaltene Blatt hält mit Bleistift, dann in Tinte überarbeitet, für das Gedächtnis den Eindruck wie in einer der großen Hymnen fest:

»Über allem Wolcken
Der Abstich des Trüben und klaren
Das Trübe hell das klare schwarz fest bestimmt
NB NB die Contraste die Waldbewachsenen
finsteren Gipfel des Berges die Wolcke
licht die sich drauf aufhebt
Der See heller als der Nebel hoch
dunckler ab
Das Buschig Gehauene der Berge
Das bröckliche Absincken des Rasen
durch Schnee und Gewässer
An den Tag kommen Felsen zusammen
gebacken von Fluß steinen
Fichten die Wurzelfassen und stürzen
von den Felsen wenn der Rasen
nicht mehr halten kann«

Vom Beginn seiner Flucht nach Italien an hat Goethe gezeichnet, ein Dutzend Blätter noch in den Bayerischen und Tiroler Alpen. Zwei Bände seines zeichnerischen Œuvres füllen nur die gesicherten Blätter der Italienreise, darunter über vierhundert Landschaften, flüchtige Linien-Notizen, knapp gehaltene Federzeichnungen für die Erinnerung, reicher ausgeführte, mit mehreren Tinten zum Kunstgebilde erweiterte Blätter, farbig lavierte Landschaftsstücke und Aquarelle. Als Zeichner wollte er die südliche Natur sich ganz aneignen, wollte er zugleich für sich einholen, was 1775 dem sehnsüchtigen Blick über die Alpen verwehrt blieb: Arkadien. Eine Reihe dieser Blätter wird im Text der *Italienischen Reise* erwähnt, und Goethe selbst hat aus dem Bestand ein Album für eine illustrierte Ausgabe zusammengestellt. So sehr betrachtete er den zeichnerischen Ertrag, wenn schon nicht als eine der Dichtung gleichrangige Ausbeute, doch als integralen Teil seiner italienischen Erfahrung. Ein geschickter Stecher sollte den Skizzen die Bestimmtheit des Konturs geben, die den für die Erinnerung vorbestimmten zeichnerischen Notizen noch fehlte. Nach der Italienreise waren für Goethe, der in Sizilien und Rom zu seiner dichterischen Sendung zurückgefunden hatte, auch die ehrgeizigsten Blätter seiner Zeichenmappe nur Übungen im Sehen, nur Hilfsmittel zum genaueren Verständnis italienischer Landschaft und klassisch durchgebildeter Natur. Auf dem Weg nach Rom stand hinter den immer neuen Versuchen, sich als Zeichner des Südens zu bemächtigen, die nie ganz eingestandene Hoffnung, neben dem größten Landschaftsdichter seiner Zeit auch einer der großen Landschaftsmaler zu werden. Wie in den angestrengten, jeden Eindruck glänzend ins Wort fassenden Tagebuchbemerkungen vom Reisebeginn strebte Goethe auch in den Zeichnungen aus Oberitalien nach einer gültigen und gründlichen Wahrnehmung der neuen, hesperischen Welt. Die Überprüfung der mitgebrachten Kenntnisse am Augenschein sollte Italien dem Ich erschließen: in der Arena von Verona und in den Giusti-Gärten, vor den Bauten Palladios in Vicenza und Venedig, auf der Lagune und im Dialekt-Lustspiel, beim Aufstieg zum römischen Tempel in Assisi. Überall wird der subjektive Charakter im Erleben betont und in der Nachgestaltung zugleich überwunden. Ähnlich verhält es sich mit den Zeichnungen, die Goethe auf dem Weg nach Rom und bei seinem ersten römischen Aufenthalt anfertigt: Die

Sehweise bringt er aus seinen Leipziger Anfängen mit, eine aufs Wirkliche und Alltägliche zielende, eher kleinteilige und nüchterne Zeichenmanier, fern vom heroischen Landschaftsideal Claude Lorrains, das doch in Goethes Einbildungskraft wirksam war. Die Aufmerksamkeit gilt dem unscheinbaren Eindruck am Rand, der Lage eines Sees oder ein paar Gehöften am Weg, Felsenformationen oder einem Idyll neben der Poststation. Mit der Ausnahme jener Ansicht der Burg von Malcesine, die ihm so großen Ärger mit der venezianischen Polizei einbringt, zeichnet Goethe anfangs kaum Monumente oder auch nur bekannte Landschaftsveduten, wie er sie aus den Stichwerken kennen mußte. Wie auf der Schweizer Reise soll der nebensächliche Blick den Erlebnismoment freisetzen, unbehindert durch die Verpflichtung zur geschichtlichen oder artistischen Verehrung. Auch in Rom, wo Goethe regelmäßig zum Zeichnen geht und mit unverkennbarem Ehrgeiz lavierte und aquarellierte Blätter mit Ansichten aus den Gärten Roms und seiner Umgebung gestaltet, hält er sich von der Vedute ebenso fern wie von der heroischen Landschaft. Weder Vasi noch Piranesi, weder die Pedanterie des akuraten Erinnerungsbildes noch der fabelhafte Überschwang der Rom-Vision sprechen den Fremden, wie die meisten Reisenden von der Stadt zunächst bloß Enttäuschten, wirklich an. Er sucht auch in den Zeichnungen sein Rom, die lebendige Tagtäglichkeit in und hinter den verfallenden Weltwundern. Wie unzufrieden der Künstler Goethe gleichzeitig mit der Unmöglichkeit war, Erlebnis und Anschauung auf *einen* Nenner zu bringen, die Spontaneität des Dichters in der darstellenden Kunst wiederzufinden, zeigt vielleicht am besten seine zeichnerische Faszination für das Nachtstück. Bei Mondnächten zu zeichnen, die Stellungen Lunas über der Landschaft zu beobachten, vor Tag die noch ruhende Stadt zu belauschen, gehört zu den nur leicht verdeckten Leitmotiven der *Italienischen Reise* und der dort entstandenen Bilder. Er hat dieses Motiv nicht nur als Dichter, auch als Zeichner bereits aus Deutschland mitgebracht. Mußte, konnte es nicht gelingen, im Blick durch die Landschaft nach dem Mond *die* Entgrenzung zu erzwingen, die jede Wahrnehmung unter die Empfindung des wahrnehmenden Subjekts zwingt?

Der Umgang mit Wilhelm Tischbein und den deutschen Künstlern in Rom, vor allem aber die Begegnung mit Philipp Hackert, dem Hofmaler Ferdinands IV. in Neapel, gaben Goethes Zeichenauffassung eine andere Richtung. Er traf den zwölf Jahre älteren, aus der Uckermark auf langen Umwegen nach Italien geratenen Künstler im alten Schloß zu Caserta, wie er in ruhiger Gelassenheit und aus bürgerlicher Handwerksgesinnung seine Kunst der »Landschaft nach der Natur« gegen die Repräsentations-Vorstellungen seines spätabsolutistischen Auftraggebers behauptete. Goethe fühlte sich zu dem Mann *und* zu seiner Malerei lebhaft hingezogen, so sehr auch die aufklärerischen Überlegungen zur Ästhetik der Malerei dem Jüngeren fremd sein mußten. Hackert verachtete den bloßen Kunstenthusiasmus des Dilettanten ebenso wie das Streben der französischen und englischen Artisten seiner Zeit, wenn sie das Ideal der Landschaftsmalerei bei Poussin und Claude Lorrain durch den heftigeren Effekt zu erreichen suchten. Die zum Ereignis dramatisierte Naturansicht war ihm ärgerlich, aber auch die flüchtig schraffierte Impression. Die Natur trägt das Gesetz der Schönheit in sich. Nur durch langes Dienen und Studieren gewinnt der Maler die Sicherheit, die schöne Natur aus der Beobachtung des Charakteristischen eines Prospekts herauszulösen. Er muß vom entferntesten Horizont bis in den Vordergrund die Raum- und Lichtverhältnisse im Wesentlichen erfassen und davon das verwirrende Detail aussparen. Er muß in der naturkundlichen Versenkung in die Beschaffenheit der Pflanzen, der Bodenformationen und der Gesteinslagen das Eigentümliche einer jeden Landschaft herausarbeiten: Der Maler schreibt in seinen Skizzenblättern gewissermaßen die Natur ab und organisiert sie im Gemälde aus ihrer inneren Gesetzmäßigkeit neu. Alles das mußte Goethe beeindrucken: der genaue Blick in die Wirklichkeit, die Trennung des Wesentlichen von der bloßen Vielfalt, die angestrebte Mühelosigkeit der Naturbeschwörung im Zeichenvorgang. Daß Hackert beim Tuschen von hinten hervor arbeitet, drei Tinten nacheinander brauchend, und so ein Bild schafft, »man weiß nicht, woher es kommt«, war ihm nicht nur ein Zauberkunststück, sondern ein Beweis für die Wesensgleichheit von Natur und Kunst. Zwei Jahre werde es brauchen, gab Hackert dem Landsmann zu verstehen, um bei seinem Talent etwas Tüchtiges in der Kunst zu leisten. Der Genius beugte sich, wenn schon widerstrebend, dem Rat seines Mentors. Er gab das Zeichnen nicht auf, im Gegenteil: Auf seiner Sizilienreise skizzierte Goethe emsiger denn je. Aber seine Zeichnungen dienten von jetzt an ausschließlich nur der Selbsterziehung zum Sehen. Er wollte nicht länger ein Landschaftsmaler werden, wohl aber die Natur mit den Augen des Landschaftsmalers wahrnehmen. Hackert stand damals schon seit Jahren im Ruf, der erste Landschaftsmaler seiner Zeit zu sein. »Durch ihn«, schrieb später der ihm wenig gewogene Ästhetiker und Goethe-Freund Heinrich Meyer, »erreichte das Fach der Prospektmalerei die höchste Vollkommenheit, indem es unmöglich scheint, den realistischen Forderungen, mit geringerem Nachteil für die wahre Kunst, besser Genüge zu leisten, als in seinen Bildern geschieht. Mit unendlicher Treue und Wahrheit stellt er uns die Gegend von Rom, Tivoli, Neapel usw. vor Augen; der Beschauer erhält Rechenschaft vom geringsten Detail, und doch ist alles ohne ängstliche kleinliche Mühe, meisterhaft, sicher, ja sogar mit Leichtigkeit vorgetragen. Über dieses nimmt man bei Hackert eine beständige Tätigkeit des guten Geschmacks oder, wenn man will, des Schönheitssinnes wahr. Freilich sind seine Gemälde nicht alle, hinsichtlich auf den Inhalt, gleich anziehend, weil es die Gegenden nicht waren, die er auf Bestellung nachbildete; aber man wird schwerlich ein Beispiel finden, daß er den Standpunkt ungünstig gewählt, oder den darzustellenden Gegenständen eine solche Lage und Beleuchtung gegeben, daß der malerische Effekt wesentlich dadurch gefährdet würde.« Der Prospektmaler, der sich vor den Zeitgenossen als Antagonist Claude Lorrains fühlen durfte, war in seiner Laufbahn dem vollen Verständnis der Natur noch nicht nahegekommen. Wie sollte der reisende Enthusiast, sei er auch der größte Naturdichter seiner Epoche, diesem Ideal je näherkommen?

Nach Neapel übernahm Goethe streng die Trennung in »Kontur« und »Ausführung«, in Notat für die spätere Rückerinnerung und kunstgerechter Umsetzung ins Bild, ohne weiterhin nach dem künstlerischen Äquivalent des beseelten Augenblicks zu fahnden. Mehr noch, er setzte diese Trennung unmittelbar in seine Reiseplanung um: Für die Fahrt nach Sizilien, damals immer noch ein Wagnis und eine Fahrt ins Ungewisse, verpflichtete er den jungen Maler Christoph Heinrich Kniep, der sich im Umkreis Hackerts zu einem zuverlässigen Landschaftskünstler entwickelt hatte. Der sollte unterwegs – bald statt seiner, bald neben ihm – die Reiseeindrücke in Umrissen festhalten, um später das eine oder andere Blatt zur gezeichneten oder aquarellierten Vedute weiterzuentwickeln. Von zahllosen Gegenden haben sich Zeichnungen von Goethe *und* Kniep erhalten; an entscheidenden Punkten der Reise allerdings überließ der Dichter dem Maler erleichtert dessen Geschäft: In Agrigent und Taormina, jenen beiden Orten, die für Goethe mit dem Wunder seiner sizilianischen Metamorphose am engsten verbunden sind, ist der Bemerkung über Knieps zeichnerischen Fleiß sogar ein spöttischer Unterton beigemischt. Erst in den siebziger Jahren waren die ersten ehrgeizigen Expeditionen aufgebrochen, um Sizilien auch im Bild zu erfassen: Es entstehen die *Voyages pittoresques* der Franzosen – Vivant Denons 1781 erschienene, im Auftrag des Abbé de Saint Non veranstaltete Reise und gleichzeitig die des Radierers John Houel (1735 bis 1813) –, beide mit zahlreichen Stichen im französischen Zeitgeschmack. Fast gleichzeitig war auch Philipp Hackert mit dem englischen Ästhetiker Payne Knight auf der Insel gewesen. Goethe muß eine Reihe seiner Bilder und Sepiazeichnungen vor Antritt des Sizilien-Abenteuers gesehen haben. Jedenfalls liegt der Schatten Hackerts über den zeichnerischen Bemühungen der Reise, selbst wenn sein Name nur selten in den Tagebuchaufzeichnungen erwähnt wird. Aber diese knappen Hinweise verdeutlichen, wie sehr Goethe auch sonst immer mit dem Freund sieht und denkt.

»Nun stiegen wir zum Grabmahl Therons hinab und erfreuten uns der Gegenwart dieses so oft nachgebildet gesehenen Monuments, besonders da es uns zum Vordergrunde diente einer wundersamen Ansicht, denn man schaute von Westen nach Osten an dem Felslager hin, auf welchem die lückenhaften Stadtmauern sowie durch sie und über ihnen die Reste der Tempel zu sehen waren. Unter Hackerts kunstreicher Hand ist diese Ansicht zum erfreulichen Bilde geworden; Kniep wird einen Umriß auch hier nicht fehlen lassen«, heißt es unter dem Datum des 25. April 1787 im Tagebuch der *Italienischen Reise.* Die organische Denkweise Goethes, die auch die klassische Kunst nicht aus dem höheren Zusammenhang freistellen wollte, sah sich in der Übertragung aller Verantwortung vom Künstler auf die dargestellte Natur bei Hackert, auf einem ganz anderen Stand der Bewußtheit, doch nachdrücklich bestätigt. Er spürte darin ein ihm wesensverwandtes Moment einer spinozistischen Haltung, die in jeder Einzelheit des Wahrgenommenen wie im Wahrnehmenden selbst das gleiche Gesetz als wirksam anerkennt, auch wenn

Hackert solche Überlegungen weit von sich gewiesen hätte. Für Goethe aber ist erst, wenn das Ich sich als wesentlich eins mit der ihn umgebenden gewaltigen Natur empfindet, die bleibende Wirkung südlicher Vollendung gewährleistet. Darin öffnet sich Goethes Naturauffassung ansatzweise jener modernen Richtung der vom Ich her beseelten Landschaft, für die er in seinem eingangs erwähnten Schema zur Landschaftskunst, in eigentümlich gebrochener Formulierung, die gleichen englischen und deutschen Reisenden verantwortlich machte, die auch für die Entstehung der Landschafts-Vedute die Ursache gebildet hatte. Am Tag, da Kniep »mich einer Bürde entledigt, die mir unerträglich wäre, und mich meiner eigenen Natur wiedergibt«, d. h. als er im Theater von Taormina die Vedute zeichnete, die Goethe nachmals für sein Weimarer Haus zum Bild ausarbeiten ließ, dachte er selbst über den Plan der »Nausikaa« nach und schuf das sprachliche Pendant zu seinem Erlebnis der südlichen Landschaft, Sizilien als Griechenland feiernd:

»Ein weißer Glanz ruht über Land und Meer
Und duftend schwebt der Äther ohne Wolken.«

Mit Sizilien und Neapel endete für Goethe auch in der Erinnerung der Bildungsweg seiner Italienreise. Der Abschied von Neapel beschloß als Nachtstück, als von innen erhellter Ausnahmeaugenblick, aber in den Linien der »Landschaft nach der Natur«, für die Leser der Erstausgabe die *Italienische Reise*. Der zweite römische Aufenthalt diente der Wiederaufnahme abgebrochener Kunst- und Literaturbestrebungen, dem freiesten Umgang in einer freien Geselligkeit, dem Vergnügen am Vollenden und Neuschaffen. Der dritte Teil des Berichts, spät erst nachgetragen, legt davon Zeugnis ab. Das geschenkte Glück dieser Monate, in denen Goethe als einziger des deutschen Künstlerkreises in Rom entschlossen war, nach dem Norden zurückzukehren, spiegelt sich in den vielfältigen Zeichnungen und Studienblättern dieser Zeit. Nur einmal scheint er in seinem schmerzlich gefaßten Entschluß gewankt zu haben: nachdem er mit Philipp Hackert bei dessen Besuch in Rom nach Tivoli gereist war. Seine Skizzen von diesem Ausflug zeigen, daß er entlang den von Hackert bevorzugten Aussichten gereist war. Seine Skizzen von diesem Ausflug zeigen, daß er entlang den von Hackert bevorzugten Aussichten gereist war. Seine Vedute der Villa des Maecenas folgte den Grundlinien eines berühmten Bildes seines Lehrers. Und eine weitere Skizze, wohl mit einer Ansicht des Aniene-Tals, zeigt in zweiter Fassung unmißverständlich die bessernde Hand Hackerts. So sehr war Italien für ihn mit der südlichen Landschaft eins. Aber damals bereits muß er gewußt haben, daß sein Blick auf Natur und Kunst nur scheinbar mit dem Hackerts identisch war. Noch im klassizistischen Gestus war Goethe von der Geltung des eigenen Ich, vom Genie-Gedanken zu sehr durchdrungen, als daß er nicht die Begrenzung und Leblosigkeit in Hackerts Landschaftskunst durchschaut hätte. Die Romanze mit der schönen Mailänderin und das Gedicht *Amor als Landschaftsmaler* erklären das Pygmalion-Wunder, die Belebung des Kunstgebildes und der Natur, zum obersten Gesetz des Künstlers. Aber diese Beseelung mußte aus der Landschaft erfolgen, aus der Natur sich dem Betrachter mitteilen. Zeitlebens behielt Goethe das Mißtrauen seines Lehrers gegen alles Pittoreske, gegen alle willkürliche Überhöhung der Wahrnehmung durch den Kunstgriff: Er dankte dem Freiherrn Otto Magnus von Stackelberg, dem eminenten Archäologen und Kunstkenner, verbindlich für die Zeichnung, die nach dem Willen des Schenkers das uninteressante Blatt Christoph Heinrich Knieps hatte ersetzen sollen. Stackelberg habe alles erreicht, was er nur gewollt habe. Aber das Blatt des Vertrauten aus seinen Sizilien-Tagen blieb an seinem angestammten Platz.

Die vorstehenden Gedanken zu Goethes Zeichnungen und zu seiner Naturwahrnehmung wurden durch Michael Ruetz' Photographien-Zyklus zur *Italienischen Reise* angeregt. Das gilt für die Kernfragen: Wie hat Goethe die Landschaft gesehen? Wie hat er Erlebnis und zeichnerische Aufnahme miteinander verknüpft? Das gilt aber auch für die Themen und Motive, die der Photograph in Goethes Bericht aufgespürt hat: die Vorliebe des Dichters für Nachtstücke im ungewissen Licht des Mondes und für die Stunden vor Tage, für die gleich dichte Aufmerksamkeit vor dem Kleinsten wie vor dem Unendlichen, vor allem aber auch für das Motiv der versteinerten Frauen, die den lebenden den Weg zu seinem Herzen verstellen. Im Umgang mit solchen Motiven wird das Prinzip dieses Buchs ganz deutlich. Nicht an eine Illustrierung von Goethes Reiseroute ist hier gedacht, nicht an das Nachbuchstabieren der überlieferten »Konturen« Goethes, Tischbeins, Knieps, in Ektachrome. Es gilt auch nicht den an sich lohnenden Versuch, Goethes italienische Landschaft in den Verwüstungen der Gegenwart aufzuspüren. Die beiden früheren Bücher von Ruetz, über die Stationen von Goethes Leben und über die Schweizer Reise, waren noch stärker ins Dokumentarische eingebunden. Die Kunst des Photographen diente noch eher der Vergegenwärtigung des fremden Lebens. Der Reisebericht Goethes, noch immer stimulierend für jeden, der offenen Auges in Italien reist, war bei dem hier vorgelegten Buch der Anstoß für die eigene Bildphantasie: Ruetz folgt dem Dreischritt aus Annäherung (Oberitalien), Erfahrung der Gegenwelt (Rom) und Selbstfindung in der fremden Natur (Sizilien), aber er folgt nicht Goethes Reisechronologie. Wieder und wieder gelesen, überprüft am eigenen Eindruck der Monumente oder Landschaften, gibt die *Italienische Reise* allerdings nicht nur die Folie für einen Zyklus aus Photographien über Italiens Dauer im Wechsel, sondern eine Reihe eng ineinander verschränkter Themen, die vom Photographen im anderen Medium noch einmal behandelt werden. Die nächtlichen und frühmorgendlichen Augenblicke, in denen die Wahrnehmung durch das ungewisse Licht zum Traum entgrenzt wird, sind zugleich die Momente, in denen die ruhige Gegenständlichkeit einer Landschaft durch nichts gestört wird. Die von innen heraus belebte Natur und die Natur als Gegenüber verschmelzen da in eins. Fast alle Bilder in diesem Buch sind im Zwielicht aufgenommen, tragen die Stille der Nacht noch in sich. Da die Erfahrung der Mondnacht oder des Frühlichts über der Landschaft, das wir aus den späten Gemälden Claude Lorrains kennen, die Haltung der Bilder bestimmt, spielt es keine Rolle, ob die Photographien an der Cestius-Pyramide oder in den Gärten der Villa Malta aufgenommen sind. Ohne philologische Bedenklichkeit hat Michael Ruetz dem Erlebnis, wie die dünne Mondsichel über die Lehne des Ätna auftaucht, den Passus über den vom Mond überstrahlten Vesuv als Text beigegeben; denn in beiden Bildern soll so etwas wie die Summe der italienischen Naturbegegnung gezogen werden, soll gezeigt werden, was man in seinem Leben nur einmal sieht.

Michael Ruetz hat die beiden römischen Aufenthalte zu *einem* Kapitel zusammengezogen. Er hat der Reise durch Oberitalien breiten Raum gegeben – das entspricht im übrigen Goethes angestrengtem Bemühen um diese ersten Reiseeindrücke, das sich erst in und nach Rom lockert –, um dafür die Neapel-Abschnitte ganz zu streichen. Die Binnensteigerung des Buchs wird so dramatisch akzentuiert, die Substituierung des fremden durch das eigene Erleben des Photographen offengelegt. Goethe näherte sich als Landschaftsmaler der hesperischen Welt zögernd und schrittweise an. Er versuchte, die neue Landschaft mit den alten, erlernten Praktiken zu erfassen. Er wurde in der Begegnung mit Philipp Hackert in seine Schranken gewiesen und kehrte als ein Sehender, aber nicht als Maler von Profession, in den Norden zurück. Michael Ruetz ist ein seines Metiers versicherter Photograph. Er geht von den ersten Farbbildern des Oberitalien-Kapitels bis zu den grandiosen Landschafts-Visionen aus Sizilien mit der gleichen Aufmerksamkeit und Spannkraft diesem Metier nach. Die Steigerung liegt im Gegenstand und in der Anordnung, nicht in der Entwicklung des Sehens. Eine so herrliche Morgenansicht wie die des Trasimener Sees, in der, bei aller Ungewöhnlichkeit von Ort und Stunde, kein falscher Farbton und keine falsche Nuance des Lichts den Eindruck stört, ist mit der gleichen Kunstgewißheit aus Profession gestaltet wie die Landschaft aus dem inneren Sizilien oder aus dem Einzugsbereich des Ätna. Kunsterfahrungen aus zwei Jahrhunderten haben sich zwischen Goethes Umrißzeichnungen, Christoph Heinrich Knieps sorgsam ausgeführte Aquarelle, Philipp Hackerts ehrgeizige »Landschaften nach der Natur« und die Photographien von Michael Ruetz gedrängt: Die Verpflichtung, die gesehene Natur der Wahrnehmung entlang genau zu beschreiben, hat in der Moderne ihren einfachen, selbstverständlichen Sinn verloren. Beibehalten aber hat der Photograph, aus Selbstverpflichtung und in der Begegnung mit Goethe, die Forderung an die Kunstgebilde, daß im Augenblick der Wahrnehmung die besondere Verfassung des Ich und die gültige Ordnung der Natur, der man nur in der sorgfältigsten Beobachtung des in der Landschaft Vorgegebenen sich vergewissern kann, eine Einheit finden müssen. Darin allein besteht die Möglichkeit, Goethes italienische Reise im anderen Medium nachzuvollziehen.

NORBERT MILLER

OBERITALIEN

3. September bis 29. Oktober 1787

»Mein Verlangen ist stärker als meine Gedanken.
Ich fühle mich unwiderstehlich vorwärtsgezogen ...

Die Begierde, dieses Land zu sehen, war überreif.

Über das Tiroler Gebirg bin ich gleichsam weggeflogen.
Verona, Vicenz, Padua, Venedig habe ich gut,
Ferrara, Cento, Bologna flüchtig
und Florenz kaum gesehen.«

Torbole, den 12. September 1786

Fluctibus et fremitu resonans Benace marino.

Der erste lateinische Vers, dessen Inhalt lebendig vor mir steht, und der in dem Augenblicke, da der Wind immer stärker wächst und der See höhere Wellen gegen die Anfahrt wirft, noch heute so wahr ist als vor vielen Jahrhunderten.

So manches hat sich verändert, noch aber stürmt der Wind in dem See, dessen Anblick eine Zeile Virgils noch immer veredelt.

Geschrieben unter dem fünfundvierzigsten Grade fünfzig Minuten.

Am Gardasee, als der gewaltige Mittagswind die Wellen ans Ufer trieb, wo ich wenigstens so allein war als meine Heldin am Gestade von Tauris, zog ich die ersten Linien der neuen Bearbeitung:

»Denn ach! mich trennt das Meer von den Geliebten,
Und an dem Ufer steh ich lange Tage,
Das Land der Griechen mit der Seele suchend;
Und gegen meine Seufzer bringt die Welle
Nur dumpfe Töne brausend mir herüber.«

Den 29. September 1786, Michaelistag, abends, Venedig

…etwas weiter rechts die Dogane und die Einfahrt in den Canal Grande, wo uns gleich ein paar ungeheure Marmortempel entgegen leuchten.

28. September 1786. Venedig

Ich bin gut logiert in der Königin von England, nicht weit vom Markusplatz, und dies ist der größte Vorzug des Quartiers.

28. September 1786. Venedig

Meine Fenster gehen auf einen schmalen Kanal zwischen hohen Häusern, gleich unter mir eine einbogige Brücke, und gegenüber ein schmales belebtes Gäßchen.

Venedig, den 9. Oktober 1786

Übrigens hat Venedig nichts zu besorgen; die Langsamkeit, mit der das Meer abnimmt, gibt ihr Jahrtausende Zeit, und sie werden schon, den Kanälen klug nachhelfend, sich im Besitz zu erhalten suchen.

Ich gedachte dabei meines guten Vaters in Ehren, der nichts Besseres wußte, als von diesen Dingen zu erzählen. Wird mir's nicht auch so gehen? Alles, was mich umgibt, ist würdig, ein großes respektables Werk versammelter Menschenkraft, ein herrliches Monument, nicht eines Gebieters, sondern eines Volkes.

Und wenn auch ihre Lagunen sich nach und nach ausfüllen und böse Dünste über dem Sumpfe schweben, ihr Handel geschwächt, ihre Macht gesunken ist, so wird die ganze Anlage der Republik und ihr Wesen nicht einen Augenblick dem Beobachter weniger ehrwürdig sein. Sie unterliegt der Zeit, wie alles, was ein erscheinendes Dasein hat.

Venedig, den 28. September 1786

Alle Straßen sind geplattet, selbst die entferntesten Quartiere wenigstens mit Backsteinen auf der hohen Kante ausgesetzt.

Ich erinnerte mich eines frühen Kinderspielzeuges, an das ich vielleicht seit zwanzig Jahren nicht mehr gedacht hatte. Mein Vater besaß ein schönes mitgebrachtes Gondelmodell; er hielt es sehr wert, und mir ward es hoch angerechnet, wenn ich einmal damit spielen durfte. Die ersten Schnäbel von blankem Eisenblech, die schwarzen Gondelkäfige, alles grüßte mich wie eine alte Bekanntschaft, ich genoß einen lang entbehrten freundlichen Jugendeindruck.

Venedig, den 8. Oktober 1786

Zwei ungeheure Löwen von weißem Marmor vor dem Tore des Arsenals; der eine sitzt aufgerichtet, auf die Vorderpfoten gestemmt, der andere liegt – herrliche Gegenbilder.

Ruhig am Arsenal stehen zwei altgriechische Löwen;
Klein wird neben dem Paar Pforte, wie Turm und Kanal.
Käme die Mutter der Götter herab, es schmiegten sich beide
Vor den Wagen, und sie freute sich ihres Gespanns.
Aber nun ruhen sie traurig; der neue geflügelte Kater,
Überall schnurrt er, und ihn nennet Venedig Patron.

Venedig, den 2. Oktober 1786

Vor allem eilte ich in die Carità: ich hatte in des Palladio Werken gefunden, daß er hier ein Klostergebäude angegeben, in welchem er die Privatwohnung der reichen und gastfreien Alten darzustellen gedachte.

Aus dem Vorhof tritt man in den innern großen Hof. Von dem Gebäude, das ihn umgeben sollte, ist leider nur die linke Seite aufgeführt, drei Säulenordnungen übereinander, auf der Erde Hallen, im ersten Stock ein Bogengang vor den Zellen hin, der obere Stock Mauer mit Fenstern.

Nur die Häupter und Füße der Säulen und die Schlußsteine der Bogen sind von gehauenem Stein, das übrige alles, ich darf nicht sagen von Backsteinen, sondern von gebranntem Ton. Solche Ziegeln kenne ich gar nicht. Fries und Karnies sind auch daraus, die Glieder der Bogen gleichfalls, alles teilweise gebrannt, und das Gebäude zuletzt nur mit wenig Kalk zusammengesetzt. Es sieht aus wie aus einem Guß.

Venedig, den 3. Oktober 1786

Die Kirche Il Redentore, ein schönes großes Werk von Palladio, die Fassade lobenswürdiger als die von San Giorgio. Diese mehrmals in Kupfer gestochenen Werke müßte man vor sich sehen, um das Gesagte verdeutlichen zu können. Palladio war unzufrieden, daß man bei christlichen Kirchen nach der Form der alten Basiliken zu bauen fortfahre, er suchte daher seine heiligen Gebäude der alten Tempelform zu nähern; daher entstanden gewisse Unschicklichkeiten, die mir bei Il Redentore glücklich beseitigt, bei San Giorgio aber zu auffallend erscheinen.

Venedig, den 8. Oktober 1786

Auf dem Lido, nicht weit vom Meer, liegen Engländer begraben, und weiterhin Juden, die beiderseits in geweihtem Boden nicht ruhen sollten.

Ich fand das Grab des edlen Konsul Smith und seiner ersten Frauen; ich bin ihm mein Exemplar des Palladio schuldig und dankte ihm auf seinem ungeweihten Grabe dafür. Und nicht allein ungeweiht, sondern halbverschüttet ist das Grab. In weniger Zeit wird man das ziemlich erhöhte Monument kaum wieder finden können.

Venedig, den 8. Oktober 1786

Ich fuhr heute mit meinem Schutzgeiste aufs Lido, auf die Erdzunge, welche die Lagunen schließt und sie vom Meer absondert.

Ich hörte ein starkes Geräusch, es war das Meer, und ich sah es bald, es ging hoch gegen das Ufer, indem es sich zurückzog, es war um Mittag, Zeit der Ebbe. So habe ich denn auch das Meer mit Augen gesehen und bin auf der schönen Tenne, die es weichend zurückläßt, ihm nachgegangen. Das Meer ist doch ein großer Anblick!

Venedig, den 9. Oktober 1786

Dort habe ich die Wirtschaft der Seeschnecken, Patellen und Taschenkrebse gesehen und mich herzlich darüber gefreut. Was ist doch ein Lebendiges für ein köstliches herrliches Ding! Wie abgemessen zu seinem Zustande, wie wahr, wie seiend! Wieviel nützt mir nicht mein bißchen Studium der Natur!

Der Fischmarkt und die unendlichen Seeprodukte machen mir viel Vergnügen; ich gehe oft darüber und beleuchte die unglücklichen aufgehaschten Meeresbewohner.

Den 29. September 1786, Michaelistag. Abends

Die Enge und Gedrängtheit des Ganzen denkt man nicht, ohne es gesehen zu haben. Gewöhnlich kann man die Breite der Gasse mit ausgereckten Armen entweder ganz oder beinahe messen, in den engsten stößt man schon mit den Ellbogen an, wenn man die Hände in die Seite stemmt; es gibt wohl breitere, auch hie und da ein Plätzchen, verhältnismäßig aber kann alles enge genannt werden. Auf jede Spanne des Bodens geizig, und gleich anfangs in enge Räume gedrängt, ließen sie zu Gassen nicht mehr Breite, als nötig war, eine Hausreihe von der gegenüberstehenden zu trennen und dem Bürger notdürftige Durchgänge zu erhalten.

Übrigens war ihnen das Wasser statt Straße, Platz und Spaziergang. Der Venezianer mußte eine neue Art von Geschöpf werden, wie man denn auch Venedig nur mit sich selbst vergleichen kann.

Den 29. September 1786.
Michaelistag. Abends.

Die Bauart der Markus Kirche ist jeden Unsinns wert, der jemals drinne gelehrt oder getrieben worden sein mag. Ich pflege mir die Fassade zum Scherz als einen kolossalen Taschenkrebs zu denken.

Die Pferde auf der Markuskirche besah ich in der Nähe. Von unten hinauf bemerkt man leicht, daß sie fleckig sind, teils einen schönen gelben Metallglanz haben, teils kupfergrünlich angelaufen.

In der Nähe sieht und erfährt man, daß sie ganz verguldet waren, und sieht sie über und über mit Striemen bedeckt, da die Barbaren das Gold nicht abfeilen, sondern abhauen wollten.

Ein herrlicher Zug Pferde! Was mir sonderbar scheint, ist: daß sie in der Nähe schwer, und unten vom Platz leicht wie die Hirsche aussehen.

Wie sie näher zusammen, auf einem würdigern Gebäude, vor einem Triumphwagen eines Weltbeherrschers standen, mag es ein edler Anblick gewesen sein.

Venedig, den 29. September 1786, Michaelistag, abends

Dem Raum vor dem Markusplatze kann wohl nichts an die Seite gesetzt werden. Ich meine den großen Wasserspiegel, der diesseits von dem eigentlichen Venedig im halben Mond umfaßt wird. Über der Wasserfläche sieht man links die Insel San Giorgio Maggiore, etwas weiter rechts die Guidecca und ihren Kanal. Dies sind mit wenigen Zügen die Hauptgegenstände, die uns in die Augen fallen, wenn wir zwischen den zwei Säulen des Markusplatzes hervortreten. Die sämtlichen Aus- und Ansichten sind so oft in Kupfer gestochen, daß die Freunde davon sich gar leicht einen anschaulichen Begriff machen können.

Der herzogliche Palast, besonders die Façade nach dem Markus Platz: Das sonderbarste, was der Menschen Geist, glaub ich, hervorgebracht hat.

So stand es denn im Buche des Schicksals auf meinem Blatte geschrieben, daß ich 1786 den achtundzwanzigsten September, abends, nach unserer Uhr um fünfe, Venedig zum ersten Mal erblicken und bald darauf diese wunderbare Inselstadt, diese Biberrepublik betreten und besuchen sollte. So ist denn auch Venedig mir kein bloßes Wort mehr, kein hohler Name, der mich so oft, mich den Todfeind von Wortschällen, geängstiget hat.

Venedig, den 14. Oktober 1786,
zwei Stunden in der Nacht

Ich verlasse Venedig gern: denn um mit Vergnügen und Nutzen zu bleiben, müßte ich andere Schritte tun, die außer meinem Plan liegen.

Ich habe indes gut aufgeladen und trage das reiche, sonderbare, einzige Bild mit mir fort.

Vicenza, den 19. September 1786

Vor einigen Stunden bin ich hier angekommen, habe schon die Stadt durchlaufen, das Olympische Theater und die Gebäude des Palladio gesehen.

Das Olympische Theater ist ein Theater der Alten, im kleinen realisiert und unaussprechlich schön, aber gegen die unsrigen kömmt's mir vor wie ein vornehmes, reiches, wohlgebildetes Kind gegen einen klugen Weltmenschen, der, weder so vornehm, noch so reich, noch wohlgebildet, besser weiß, was er mit seinen Mitteln bewirken kann.

Ich finde auch hier, leider gleich! das, was ich fliehe und suche, nebeneinander.

Karl August Böttiger, 28. Mai 1795, Weimar:

Bei den alten Theatern, sagt Goethe, war weit mehr etikettenmäßige Konvention als bei den unsrigen.

Die Alten hatten mit ihren Masken, Dekorationen, Maschinen und Theaterkostüm eine reiche Fundgrube für die Parodie und Travestierung der Komiker. So bin ich überzeugt, daß die Luftregion und die Wasser- und Orkusregion übereinander rangierten.

Etwas anderes war es mit den exostris und εκκυκλήσεσι des Innern des Hauses und der Veränderung gewisser Gassen, wie dies auch Palladio beim Theater zu Vicenza sehr artig angebracht hat.

Padua, den 27. September 1786

So verweil' ich auch gern in der Kirche der heiligen Justine. Heut abend setzt' ich mich in einen Winkel und hatte meine stille Betrachtung; da fühlt ich mich recht allein, denn kein Mensch in der Welt, der in dem Augenblick an mich gedacht hätte, würde mich hier gesucht haben.

Die Einsamkeit, nach der ich oft so sehnsuchtsvoll geseufzt, kann ich nun recht genießen, denn nirgends fühlt man sich einsamer als im Gewimmel, wo man sich, allen ganz unbekannt, durchdrängt.

Padua, den 27. September 1786

Das Universitätsgebäude hat mich mit aller seiner Würde erschreckt. Es ist mir lieb, daß ich darin nichts zu lernen hatte. Eine solche Schulenge denkt man sich nicht, ob man gleich als Studiosus deutscher Akademien auf den Hörbänken auch manches leiden müssen.

Besonders ist das anatomische Theater ein Muster, wie man Schüler zusammenpressen soll. In einem spitzen hohen Trichter sind die Zuhörer übereinander geschichtet. Sie sehen steil herunter auf den engen Boden, wo der Tisch steht, auf den kein Licht fällt, deshalb der Lehrer bei Lampenschein demonstrieren muß.

Der Wind, der von den Gräbern der Alten herweht, kommt mit Wohlgerüchen wie über einen Rosenhügel.

Die Grabmäler sind herzlich und rührend und stellen immer das Leben her.

Da ist ein Mann, der neben seiner Frau aus einer Nische wie zu einem Fenster heraussieht.

Mir war die unmittelbare Gegenwart dieser Steine höchst rührend.

Der Künstler hat mit mehr oder weniger Geschick nur die einfache Gegenwart der Menschen hingestellt, ihre Existenz dadurch fortgesetzt und bleibend gemacht.

Sie falten nicht die Hände, schauen nicht in den Himmel, sondern sie sind hienieden, was sie waren und was sie sind.

Sie stehen beisammen, nehmen Anteil aneinander, lieben sich, und das ist in den Steinen, sogar mit einer gewissen Handwerksunfähigkeit, allerliebst ausgedrückt.

DER HEINSISCHE ARIOST

Wohl, Ariosto, bist Du ein wahrhaft
unsterblicher Dichter
Denn da du hier nicht starbst,
stirbst du, du Göttlicher, nie.

Padua, den 27. September 1786

Der große Platz, Prato della Valle genannt, ist ein ungeheures Oval, ringsum mit Statuen besetzt, alle berühmten Männer vorstellend, welche hier gelehrt und gelernt haben. Einem jeden Einheimischen und Fremden ist erlaubt, irgendeinem Landsmann oder Verwandten hier eine Bildsäule von bestimmter Größe zu errichten, sobald das Verdienst der Person und der akademische Aufenthalt zu Padua bewiesen ist.

Um das Oval umher geht ein Wassergraben. Auf den vier Brücken, die hinaufführen, stehen Päpste und Dogen kolossal, die übrigen, kleiner, sind von Zünften, Partikuliers und Fremden gesetzt.

Die Statuen sind in einer braven modernen Manier gemacht, wenige übermanieriert, einige recht natürlich, sämtlich im Kostüm ihrer Zeit und Würden.

Verona, den 17. September 1786

Aber merkwürdig war mir's, daß heute früh ihnen der Zypressenzweig nicht entging, den ich in der Hand trug. Diese Zweige bracht' ich aus dem Garten Giusti, der eine treffliche Lage und ungeheure Zypressen hat, die alle pfriemenartig in die Luft stehen. Wahrscheinlich sind die spitz zugeschnittenen Taxus der nordischen Gartenkunst Nachahmungen dieses herrlichen Naturprodukts. Ein Baum, dessen Zweige von unten bis oben, die ältesten wie die jüngsten, gen Himmel streben, ist wohl der Verehrung wert. Der Zeit nach, da der Garten angelegt worden, haben diese schon ein so hohes Alter erreicht.

Über die Zypresse, den respektabelsten Baum, wenn er recht alt und wohl gewachsen ist, gibt's genug zu denken.

*Foligno,
den 26. Oktober 1787,
abends*

Ich verließ Perugia an einem herrlichen Morgen und fühlte die Seligkeit, wieder allein zu sein.

Die Lage der Stadt ist schön, der Anblick des Sees höchst erfreulich. Ich habe mir die Bilder wohl eingedrückt.

An Charlotte von Stein, Rom, den 24. November 1787

Du fragst in deinem letzten Brief wegen der Farbe der Landschaft dieser Gegenden. Darauf kann ich Dir sagen: daß sie bei heitern Tagen, besonders des Herbstes, so farbig ist, daß sie bei jeder Nachbildung bunt scheinen muß. Das Schönste dabei ist, daß die lebhaften Farben durch den Luftton gemildert werden, und daß die Gegensätze von kalten und warmen Tönen so sichtbar dastehen.

Es ist ein Glanz, und zugleich eine Harmonie, eine Abstufung im Ganzen, wovon man nordwärts gar keinen Begriff hat.

Foligno, den 26. Oktober 1786, abends

Ich verließ bei Madonna degli Angeli meinen Vetturin und stieg unter einem starken Wind nach Assisi hinauf, denn ich sehnte mich, durch die für mich so einsame Welt eine Fußwanderung anzustellen.

Die ungeheuren Substruktionen der babylonisch übereinander getürmten Kirchen, il Grand Convento und den geheiligten Galgenberg, wo der heilige Franziskus ruht, ließ ich links, mit Abneigung, denn ich dachte mir, daß darin die Köpfe gestempelt würden.

Foligno, den 26. Oktober 1786, abends

Endlich sah ich Assisi liegen. Aus Palladio und Volkmann wußte ich, daß ein köstlicher Tempel der Minerva, zu Zeiten Augusts gebaut, noch vollkommen erhalten dastehe.

Endlich gelangten wir in die eigentliche alte Stadt, und siehe, das löblichste Werk stand vor meinen Augen, das erste vollständige Denkmal der alten Zeit, das ich erblickte.

Ein bescheidener Tempel, wie er sich für eine so kleine Stadt schickte, und doch so vollkommen, so schön gedacht, daß er überall glänzen würde.

Seitdem ich in Vitruv und Palladio gelesen, wie man Städte bauen, Tempel und öffentliche Gebäude stellen müsse, habe ich einen großen Respekt vor solchen Dingen.

Der Tempel steht auf der schönen mittlern Höhe des Berges, wo eben zwei Hügel zusammentreffen, auf dem Platz, der noch jetzt der Platz heißt. Er steht nicht in der Mitte des Platzes, aber so gerichtet, daß er dem von Rom Heraufkommenden verkürzt gar schön sichtbar wird. Nicht allein das Gebäude sollte man zeichnen, sondern auch die glückliche Stellung.

An der Fassade konnte ich mich nicht satt sehen, wie genialisch konsequent auch hier der Künstler gehandelt. Die Ordnung ist korinthisch, die Säulenweiten etwas über zwei Model. Die Säulenfüße und die Platten darunter scheinen auf Piedestalen zu stehen, aber es scheint auch nur: denn der Sockel ist fünfmal durchschnitten und jedesmal gehen fünf Stufen zwischen Säulen hinauf.

Was Überlieferung für ein schlechtes Ding sei, mußte ich dieses Mal wieder bemerken. Palladio gibt zwar dieses Tempels Bild, er kann ihn aber nicht selbst gesehen haben, denn er setzt wirklich Piedestale auf die Fläche, wodurch die Säulen unmäßig in die Höhe kommen und ein garstiges palmyrenisches Ungeheuer entsteht, anstatt daß in der Wirklichkeit ein ruhiger, lieblicher, das Auge und den Verstand befriedigender Anblick erfreut. Was sich durch die Beschauung dieses Werkes in mir entwickelt, ist nicht auszusprechen und wird ewig Früchte bringen.

Terni, den 27. Oktober 1786, abends

Spoleto hab' ich bestiegen und war auf der Wasserleitung, die zugleich Brücke von einem Berg zu einem andern ist. Die zehen Bogen, welche über das Tal reichen, stehen von Backsteinen ihre Jahrhunderte so ruhig da, und das Wasser quillt immer noch in Spoleto an allen Orten und Enden.

Das ist nun das dritte Werk der Alten, das ich sehe, und wieder so schön natürlich, zweckmäßig und wahr.

Eine zweite Natur, die zu bürgerlichen Zwecken handelt, das ist ihre Baukunst, so steht das Amphitheater, der Tempel und der Aquadukt.

Terni, den 27. Oktober 1786, abends

San Crocefisso, einer wunderliche Kapelle am Wege, halte ich nicht für den Rest eines Tempels, der am Orte stand, sondern man hat Säulen, Pfeiler, Gebälke gefunden und zusammengeflickt, nicht dumm aber toll. Beschreiben läßt sich's gar nicht, es ist wohl irgendwo in Kupfer gestochen.

Dann fuhren wir durch wohl geackerte und bestellte Weizenfelder, in schicklichen Räumen mit Oliven bepflanzt.

Der Wind bewegte sie und brachte die silberne Unterfläche der Blätter ans Licht, die Äste bogen sich leicht und zierlich.

Giredo auf den Apenninen, den 22. Oktober 1786, abends

Kastanien kommen hier sehr schön. Immergrüne Eichen mit kleinen Blättern stehen am Wege, um die Kirchen und Kapellen aber schlanke Zypressen.

Gestern abend war das Wetter trübe, heute ist's wieder hell und schön.

Den 22., abends

Die Apenninen sind mir ein merkwürdiges Stück Welt. Wäre die Gebirgsart nicht zu steil, zu hoch über der Meeresfläche, nicht so sonderbar verschlungen, daß Ebbe und Flut vor alten Zeiten mehr und länger hätten hereinwirken, größere Flächen bilden und überspülen können, so wäre es eins der schönsten Länder in dem herrlichsten Klima, etwas höher als das andere Land.

So aber ist's ein seltsames Gewebe von Bergrücken gegeneinander …

Wären die Täler besser ausgefüllt, die Flächen mehr glatt und überspült, so könnte man das Land mit Böhmen vergleichen, nur daß die Berge auf alle Weise einen andern Charakter haben.

Den 25., abends

Das ist nun Toscana: weil es so viel tiefer lag, so hat das alte Meer recht seine Schuldigkeit getan und tiefen Lehmboden aufgehäuft. Er ist hellgelb und leicht zu verarbeiten.

Diese Betrachtung machte ich bei Arezzo, wo sich eine herrliche Plaine auftut. Reiner kann man kein Feld sehen, nirgends auch nur eine Erdscholle, alles klar wie gesiebt.

18. Oktober 1786. Abends. Bologna

Ich habe eben einen Entschluß gefaßt, der mich sehr beruhigt. Ich will nur durch Florenz durchgehn und grade auf Rom. Ich habe keinen Genuß an nichts, bis jenes erste Bedürfnis gestillt ist, gestern in Cento, heute hier, ich eile nur gleichsam ängstlich vorbei, daß mir die Zeit verstreichen möge, und dann möcht ich, wenn es des Himmels Wille ist, zu Allerheiligen in Rom sein. Da bleibt mir nichts übrig als Florenz liegen lassen und es auf einer frohen Rückreise mit geöffneten Augen sehen.

Den 25. Oktober 1786, abends, Perugia

Den dreiundzwanzigsten früh, unserer Uhr um zehne, kamen wir aus den Apenninen hervor und sahen Florenz liegen, in einem weiten Tal, das unglaublich bebaut und ins Unendliche mit Villen und Häusern besät ist.

Die Stadt hatte ich eiligst durchlaufen, den Dom, das Baptisterium. Hier tut sich wieder eine ganz neue, mir unbekannte Welt auf, an der ich nicht verweilen will. Ich eilte so schnell heraus als hinein.

ROM

29. Oktober 1786 bis 22. Februar 1787,
6. Juni 1787 bis 24. April 1788

Rom ist eine Welt.
Ich zähle einen zweiten Geburtstag, eine wahre Wiedergeburt
von dem Tage, da ich Rom betrat.

Man hat außer Rom keinen Begriff,
wie man hier geschult wird.
Man muß, sozusagen, wiedergeboren werden, und man sieht auf
seine vorigen Begriffe wie auf Kinderschuhe zurück.

Es ist nur ein Rom in der Welt,
und ich befinde mich hier wie der Fisch im Wasser.

Frankfurt. Haus am Hirschgraben

Innerhalb des Hauses zog meinen Blick am meisten eine Reihe römischer Prospekte auf sich, mit welchen der Vater einen Vorsaal ausgeschmückt hatte, gestochen von einigen geschickten Vorgängern des Piranesi, die sich auf Architektur und Perspektive wohl verstanden.

Hier sah ich täglich die Piazza del Popolo, das Colosseo, den Petersplatz, die Peterskirche von außen und innen …

Rom, den 1. November 1786

Alle Träume meiner Jugend seh' ich nun lebendig; und alles, was ich in Gemälden und Zeichnungen schon lange gekannt, steht nun beisammen vor mir.

Rom, den 2. Februar 1787

Von der Schönheit, im vollen Mondschein Rom zu durchgehen, hat man, ohne es gesehen zu haben, keinen Begriff. Alles einzelne wird von den großen Massen des Lichts und Schattens verschlungen, und nur die größten allgemeinsten Bilder stellen sich dem Auge dar. So muß man das Pantheon, das Kapitol beleuchtet sehn, den Vorhof der Peterskirche und andere große Straßen und Plätze.

Und so haben Sonne und Mond, eben wie der Menschengeist, hier ein ganz anderes Geschäft als anderer Orten, hier, wo ihrem Blick ungeheure und doch gebildete Massen entgegenstehen.

An Johann Gottfried und Karoline Herder, Rom, den 10. November 1786

Heute war ich bei der Pyramide des Cestius und abends auf dem Palatin, oben auf den Ruinen der Kaiserpaläste, die wie Felsenwände dastehn.

Wenn man so eine Existenz ansieht, die zweitausend Jahr und drüber alt ist, durch die Wechsel der Zeiten so mannigfaltig und von Grund aus verändert, und doch noch derselbe Boden, derselbe Berg, ja oft, dieselbe Säule und Mauer; so wird man ein Mitgenosse der großen Ratschlüsse des Schicksals.

Baron Gyldenstubbe, Rom, Winter 1847/48, laut Johann v. Unger

Bei meinem ersten Aufenthalt in Rom lernte ich Goethe kennen, und wir schlossen uns sehr eng aneinander an; denn wir harmonierten wunderbar miteinander. Eines Abends stiegen wir zusammen vom Monte Testaccio herab, und lagerten uns neben die Pyramide des Cestius auf dem Kirchhofe, wo schon damals die Protestanten begraben wurden. Goethes Abreise stand bevor; er war in höchstem Grade ergriffen, und konnte den Gedanken noch gar nicht fassen, sich von Rom trennen und nach Deutschland zurückkehren zu müssen. O, rief er, hier tot zu liegen, das wäre ja schön, unendlich schöner als in Deutschland zu leben.

RÖMISCHE ELEGIE VII

Dulde mich, Jupiter, hier, und Hermes führe mich später,
Cestius' Mal vorbei,
leise zum Orkus hinab.

Rom, den 2. Dezember 1786

Von da schlichen wir, fast bei zu warmem Sonnenschein, auf die Villa Pamfili, wo sehr schöne Gartenpartien sind, und blieben bis an den Abend. Eine große, mit immergrünen Eichen und hohen Pinien eingefaßte, flache Wiese war ganz mit Maßlieben übersäet, die ihre Köpfchen alle nach der Sonne wendeten; nun gingen meine botanischen Spekulationen an, denen ich den andern Tag auf einem Spaziergang nach dem Monte Mario, der Villa Melini und Villa Madama weiter nachging.

Rom, den 11. November 1786

Abends kamen wir ans Colosseo, da es schon dämmrig war. Wenn man das ansieht, scheint wieder alles andre klein, es ist so groß, daß man das Bild nicht in der Seele behalten kann; man erinnert sich dessen nur kleiner wieder, und kehrt man dahin zurück, kommt es einem aufs neue größer vor.

Einen vorzüglich schönen Anblick gewährt das Colosseo. Es wird nachts zugeschlossen, ein Eremit wohnt darin an einem Kirchelchen, und Bettler nisten in den verfallenen Gewölben.

Den 11. November 1786.

Heut hab' ich die Nymphe Egeria besucht, dann die Rennbahn des Caracalla, die zerstörten Grabstätten längs der Via Appia …

Es ist so unterrichtend, wenn Sarkophagen, Urnen und alle dazugehörigen Leichen- und Grabgeräte in nachgeahmten Kolumbarien aufgestellt sind; wenn der römische Denkstein, Altar und Cippus von einer Dekoration eingefaßt werden, welche an die Appische Straße erinnert …

J. H. W. v. Tischbein:

Am 22. Februar 1787 reiste ich mit Goethe von Rom nach Neapel. Fast jeder Stein von den alten verfallenen Gräbern in der Nähe und Ferne wurden begierig aufgesucht und ins Auge gefaßt.

Den 11. November

...und das Grab der Metella, das einem erst einen Begriff von solidem Mauerwerk gibt. Diese Menschen arbeiteten für die Ewigkeit, es war auf alles kalkuliert, nur auf den Unsinn der Verwüster nicht, dem alles weichen mußte.

Rom. Dezember 1787

Die Trümmer der Antoninischen oder Caracallischen Bäder, von denen uns Piranesi so manches Effektreiche vorgefabelt, konnten auch dem malerisch gewöhnten Auge in der Gegenwart kaum einige Zufriedenheit geben.

Frascati, den 15. November 1786

Die Gesellschaft ist zu Bette, und ich schreibe noch aus der Tuschmuschel, aus welcher gezeichnet worden ist. Wir haben ein paar schöne regenfreie Tage hier gehabt, warm und freundlichen Sonnenschein, daß man den Sommer nicht vermißt.

Die Gegend ist sehr angenehm, der Ort liegt auf einem Hügel, vielmehr an einem Berge, und jeder Schritt bietet dem Zeichner die herrlichsten Gegenstände.

Die Aussicht ist unbegrenzt, man sieht Rom liegen und weiter die See, an der rechten Seite die Gebirge von Tivoli und so fort. In dieser lustigen Gegend sind Landhäuser recht zur Lust angelegt, und wie die alten Römer schon hier ihre Villen hatten, so haben vor hundert Jahren und mehr reiche und übermütige Römer ihre Landhäuser auch auf die schönsten Flecke gepflanzt.

Eine herrliche, obgleich nicht unerwartete Aussicht ward uns aus den Fenstern der Villa des Fürsten Adobrandini. Es läßt sich denken, daß man das Schloß dergestalt angelegt hat, die Herrlichkeit der Hügel und des flachen Landes mit einem Blick übersehen zu können.

Man spricht viel von Lusthäusern, aber man müßte von hier aus umherblicken, um sich zu überzeugen, daß nicht leicht ein Haus lustiger gelegen sein können.

An Charlotte von Stein,
Rom, den 25.–27. Januar 1787

Über die Vorsicht Frankenbergs, daß ich hier mich nicht verlieben soll, mußte ich lachen; du hast nur eine Nebenbuhlerin bisher, und die bring ich dir mit, das ist ein Kolossalkopf der Juno.

Rom, April 1788

Den ersten Platz bei uns behauptete Juno Ludovisi, um desto höher geschätzt und verehrt, als man das Original nur selten, nur zufällig zu sehen bekam und man es für ein Glück achten mußte, sie immerwährend vor Augen zu haben; denn keiner unserer Zeitgenossen, der zum erstenmal vor sie hintritt, darf behaupten, diesem Anblick gewachsen zu sein. Zu meiner Erquickung habe ich gestern einen Ausguß des kolossalen Junokopfes, wovon das Original in der Villa Ludovisi steht, in den Saal gestellt. Es war dieses meine erste Liebschaft in Rom, und nun besitz' ich sie. Keine Worte geben eine Ahnung davon. Es ist wie ein Gesang Homers.

Louis Stromeyer, Ostern 1825:

Wenn man die schöne malerische Treppe bis zum ersten Stock erstiegen hat, sieht man auf dem Vorplatze die Büste der Juno. Im Empfangszimmer, zwischen dem Fenster und der Tür, welche in das folgende Zimmer führte, der kolossale Jupiterkopf. Goethe trat bald zu uns ein; ich hatte das Glück, ihm eine halbe Stunde gegenüberzusitzen. Sein Kopf war auf das günstigste beleuchtet, er hatte den Rücken dem Jupiter zugewendet, vom Fenster fiel das volle Licht auf seine linke Seite.

Rom, April 1788

Diese neue Wohnung gab nun Gelegenheit, eine Anzahl von Gipsabgüssen, die sich nach und nach um uns gesammelt hatten, in freundlicher Ordnung und gutem Licht aufzustellen, und man genoß jetzt erst eines höchst würdigen Besitzes.

Wenn man, wie in Rom der Fall ist, sich immerfort in Gegenwart plastischer Kunstwerke der Alten befindet, so fühlt man sich, wie in Gegenwart der Natur, vor einem Unendlichen, Unerforschlichen.

Jean Paul Friedrich Richter, 17. Juni 1796:

Sein Haus frappiert: es ist das einzige in Weimar in italienischen Geschmack, mit solchen Treppen, ein Pantheon voll Bilder und Statuen.

Rom, den 10. November 1786

… abends auf dem Palatin, oben auf den Ruinen der Kaiserpaläste, die wie Felsenwände dastehen. Wahrlich, es gibt hier nichts Kleines, wenn auch wohl hier und da etwas Scheltenswertes und Abgeschmacktes; doch auch ein solches hat teil an der allgemeinen Großheit genommen.

Waren die alten Monumente nach so vielen Jahrhunderten meistens zu unförmlichen Massen zerfallen, so mußte man bei neueren aufrecht stehenden Prachtgebäuden gleichermaßen den Verfall so vieler Familien in der späteren Zeit bedauern, ja selbst das noch frisch im Leben Erhaltene schien an einem heimlichen Wurm zu kranken.

Und wie einem heiteren Sinn auch die Ruine wieder zu beleben, gleich einer frischen unsterblichen Vegetation, verfallene Mauern und zerstreute Blöcke wieder mit Leben auszustatten gelingt, so entkleidet ein trauriger Sinn das lebendige Dasein von seinem schönsten Schmuck und möchte es uns gern als ein nacktes Gerippe aufdringen …

SENATVS
POPVLVSQVEROMANVS

Rom, Dezember 1787

Unterhalb Roms, eine Strecke nicht weit von der Tiber, liegt eine mäßig große Kirche, zu den drei Brünnlein genannt; diese sind, so erzählt man, bei Enthauptung des heiligen Paulus durch sein Blut hervorgerufen worden und quillen noch bis auf den heutigen Tag.

Ohnehin ist die Kirche niedrig gelegen, und da vermehren denn freilich die in ihrem Innern hervordringenden Röhrbrunnen eine dunstige Feuchtigkeit.

Von diesem kleinen bescheidenen Kirchlein ist jedoch nicht weit zu dem größeren, dem hohen Apostel gewidmeten Denkmal: es ist die Kirche Sankt Paul vor den Mauern genannt, ein aus alten herrlichen Resten groß und kunstreich zusammengestelltes Monument.

Der Eintritt in diese Kirche verleiht einen erhabenen Eindruck, die mächtigsten Säulenreihen tragen hohe gemalte Wände, welche oben durch das verschränkte Zimmerwerk des Dachs geschlossen …

Wenn man, wie in Rom der Fall ist, sich immerfort in Gegenwart plastischer Kunstwerke der Alten befindet, so fühlt man sich, wie in Gegenwart der Natur, vor einem Unendlichen, Unerforschlichen.

Überhaupt aber ist dies die entschiedenste Wirkung aller Kunstwerke, daß sie uns in den Zustand der Zeit und der Individuen versetzen, die sie hervorbrachten.

Umgeben von antiken Statuen empfindet man sich in einem bewegten Naturleben, man wird die Mannigfaltigkeit der Menschengestaltung gewahr und durchaus auf den Menschen in seinem reinsten Zustande zurückgeführt, wodurch denn der Beschauer selbst lebendig und rein menschlich wird.

Jetzt seh' ich, jetzt genieß' ich erst das Höchste, was uns vom Altertum übrig blieb, die Statuen.

Ja, ich sehe wohl ein, daß man ein ganzes Leben studieren kann und am Ende doch noch ausrufen möchte: Jetzt seh' ich, jetzt genieß' ich erst.

Fondi, den 23. Februar 1787

Der ganzen Länge nach in gerader Linie ist die alte Via Appia wieder hergestellt. Große Strecken, besonders gegen Terracina, sind mit Weiden und Pappeln angeflogen.

Man darf nur auf der Straße wandeln und Augen haben, man sieht die unnachahmlichsten Bilder.

Rom, den 16. Februar 1787

Darauf suchten wir das Freie und kamen nach einem großen Spaziergange auf Sant'Onofrio, wo Tasso in einem Winkel begraben liegt. Auf der Klosterbibliothek steht seine Büste. Das Gesicht ist von Wachs, und ich glaube gern, daß es über seinen Leichnam abgeformt sei. Nicht ganz scharf, und hie und da verdorben, deutet es doch im ganzen mehr als irgendein anderes seiner Bildnisse auf einen talentvollen, zarten, feinen, in sich geschlossenen Mann.

An Charlotte von Stein, 20. Januar 1787

Ich habe Hoffnung, Egmont, Tasso, Faust zu endigen, und neue Gedanken genug zum Wilhelm.

Rom, den 1. März 1788

Auch ist der Plan von Tasso in Ordnung und die vermischten Gedichte zum letzten Bande meist ins reine geschrieben.

An den Herzog Karl August
Rom, den 28. März 1788

Ich lese jetzt das Leben des Tasso, das Abbate Serassi und zwar recht gut geschrieben hat. Meine Absicht ist, meinen Geist mit dem Charakter und den Schicksalen dieses Dichters zu füllen, um auf der Reise etwas zu haben das mich beschäftigt. Ich wünsche das angefangene Stück, wo nicht zu endigen, doch weit zu führen, eh ich zurückkomme. Indessen wie der Reiz der mich zu diesem Gegenstande führte aus dem Innersten meiner Natur entstand; so schließt sich auch jetzt die Arbeit die ich unternehme um es zu endigen ganz sonderbar ans Ende meiner italienischen Laufbahn …

Eckermann, 6. Mai 1827

Das Gespräch wendete sich auf den Tasso, und welche Idee Goethe darin zur Anschauung zu bringen gesucht.

»Idee?« sagte Goethe, – »daß ich nicht wüßte! – Ich hatte das Leben Tassos, ich hatte mein eigenes Leben, und indem ich zwei so wunderliche Figuren mit ihren Eigenheiten zusammenwarf, entstand in mir das Bild des Tasso … Ich kann mit Recht von meiner Darstellung sagen: sie ist Bein von meinem Bein und Fleisch von meinem Fleisch.«

ORNAMENTA DECREVIT
BENE GESTAS
VRGVLANIVS

Rom, den 16. Juni 1787

Diese Tage war ich in Tivoli und habe eins der ersten Naturschauspiele gesehen.

Es gehören die Wasserfälle dort mit den Ruinen und dem ganzen Komplex der Landschaft zu denen Gegenständen, deren Bekanntschaft uns im tiefsten Grunde reicher macht.

Mannheim, Antikensaal, August 1771

Nach eifriger Betrachtung so vieler erhabener plastischer Werke sollte es mir auch an einem Vorschmack antiker Architektur nicht fehlen. Ich fand den Abguß eines Kapitäls der Rotonde, und ich leugne nicht, daß beim Anblick jener so ungeheuren als eleganten Akanthblätter mein Glaube an die nordische Baukunst etwas zu wanken anfing.

Rom, den 9. November 1786

Hier hat mich die Rotonda, so die äußere wie die innere, zu einer freudigen Verehrung ihrer Großheit bewogen.

Doch immer sind mir noch diese herrlichen Gegenstände wie neue Bekanntschaften. So hat zum Beispiel das Pantheon, der Apoll von Belvedere, einige kolossale Köpfe, so mein Gemüt eingenommen, daß ich daneben fast nichts mehr sehe.

Rom, den 6. Januar 1787

Eine Wirkung der Natur hingegen, wie der Sonnenuntergang von Villa Madama gesehen, ein Werk der Kunst, wie die viel verehrte Juno, machen tiefen und bleibenden Eindruck.

Rom, den 14. April 1788

Auf dem Verzeichnisse, was vor der Abreise von Rom allenfalls nachzuholen sein möchte, fanden sich zuletzt sehr disparate Gegenstände, die Cloaca Massima und die Katakomben bei San Sebastian.

Die erste erhöhte wohl noch den kolossalen Begriff, wozu uns Piranesi vorbereitet hatte; der Besuch des zweiten Lokals geriet jedoch nicht zum besten, denn die ersten Schritte in diese dumpfigen Räume erregten mir alsobald ein solches Mißbehagen, daß ich sogleich wieder ans Tageslicht hervorstieg und dort, im Freien die Rückkunft der übrigen Gesellschaft abwartete.

Rom, den 3. September 1787

Ich bin wieder in die ägyptischen Sachen gekommen. Diese Tage war ich einigemal bei dem großen Obelisk, der noch zerbrochen zwischen Schutt und Kot in einem Hofe liegt. Es war der Obelisk der Sesostris, in Rom zu Ehren des Augustus aufgerichtet, und stand als Zeiger der großen Sonnenuhr, die auf dem Boden des Campus Martius gezeichnet war. Dieses älteste und herrlichste vieler Monumente liegt nun da zerbrochen, einige Seiten (wahrscheinlich durchs Feuer) verunstaltet.

Und doch liegt es noch da, und die unzerstörten Seiten sind noch frisch, wie gestern gemacht und von der schönsten Arbeit (in ihrer Art).

Ich lasse jetzt eine Sphinx der Spitze und die Gesichter von Sphinxen, Menschen, Vögel abformen und in Gips gießen. Diese unschätzbaren Sachen muß man besitzen, besonders da man sagt, der Papst wolle ihn aufrichten lassen, da man denn die Hieroglyphen nicht mehr erreichen kann.

N. B. Jetzt ist er auf dem Platz Montecitorio wieder aufgerichtet und dient, wie zur Römerzeit, abermals als Sonnenweiser.

Es ist uns erinnerlich, wie Philippus Neri den Besuch der sieben Hauptkirchen Roms sich öfters zur Pflicht gemacht hatte. Hier nun aber ist zu bemerken, daß eine Wallfahrt zu gedachten Kirchen von jedem Pilger notwendig gefordert wird und wirklich wegen der weitentfernten Lage dieser Stationen, insofern der Weg an einem Tage zurückgelegt werden soll, einer anstrengenden Reise wohl gleich zu achten ist.

Jene sieben Kirchen aber sind: Sankt Peter, Santa Maria Maggiore, San Lorenzo außer den Mauern, San Sebastiano, San Giovanni im Lateran, Santa Croce in Jerusalem, San Paolo vor den Mauern.

Rom, Dezember 1787

Auf dem Platze vor Sankt Peter in Montorio begrüßten wir den Wasserschwall der Acqua Paola, welcher durch eines Triumphbogens Pforten und Tore, in fünf Strömen, ein großes verhältnismäßiges Becken bis an den Rand füllt.

Hier nun rühmten Freunde der Baukunst den glücklichen Gedanken, diesen Wassern einen offen schaubaren triumphierenden Eintritt verschafft zu haben. Man wird durch Säulen und Bogen, durch Gesims und Attiken an jene Prachttore erinnert, wodurch ehemals kriegerische Überwinder einzutreten pflegten: hier tritt der friedlichste Ernährer mit gleicher Kraft und Gewalt ein und empfängt für die Mühen seines weiten Laufes sogleich Dank und Bewunderung.

Auch sagen uns die Inschriften, daß Vorsehung und Wohltätigkeit eines Papstes aus dem Hause Borghese hier gleichsam einen ewigen, ununterbrochenen, stattlichen Einzug halten. Ein kurz vorher eingetroffener Ankömmling aus Norwegen fand jedoch, man würde besser getan haben rohe Felsen hier aufzutürmen, um diesen Fluten einen natürlicheren Eintritt ans Tageslicht zu verschaffen.

Man entgegnete ihm, daß dies kein Natur-, sondern ein Kunstwasser sei, dessen Ankunft man auf eine gleichartige Weise zu schmücken gar wohl berechtigt gewesen wäre.

PAVLVS·QVINTVS·PONTIFEX·MAXIMVS
AQVAM·IN·AGRO·BRACCIANENSI
SALVBERRIMIS·E·FONTIBVS·COLLECTAM
VETERIBVS·AQVAE·ALSIETINAE·DVCTIBVS·RESTITVTIS
NOVISQVE·ADDITIS
XXXV·AB·MILLIARIO·DVXIT
ANNO·DOMINI·MDCXII·PONTIFICATVS·SVI·SEPTIMO

Mannheim, Antikensaal, August 1771

Auf Laokoon jedoch war meine größte Aufmerksamkeit gerichtet, und ich entschied mir die berühmte Frage, warum er nicht schreie, dadurch, daß ich mir aussprach, er könne nicht schreien. Die ganze so gewaltsame als kunstreiche Stellung des Hauptkörpers war aus zwei Anlässen zusammengesetzt, aus dem Streben gegen die Schlangen, und aus dem Fliehn vor dem augenblicklichen Biß. Um diesen Schmerz zu mildern, mußte der Unterleib eingezogen und das Schreien unmöglich gemacht werden.

Als wir nun einen von allen Fremden, Künstlern, Kennern und Laien gleich gewünschten Besuch bei Fackelschein dem Museum abzustatten Anstalt machten, so gesellte er (Heinrich Meyer von Zürich) uns zu; und ich finde unter meinen Papieren einen seiner Aufsätze, wodurch ein solcher genußreicher Umgang durch die herrlichsten Reste der Kunst wie ein entzückender, nach und nach verlöschender Traum vor der Seele schwebt ...:

»Der Gebrauch, die großen römischen Museen beim Licht von Wachsfackeln zu besehen, scheinet in den achtziger Jahren des vorigen Jahrhunderts noch ziemlich neu gewesen zu sein.

Vorteile der Fackelbeleuchtung: Jedes Stück wird nur einzeln, abgeschlossen von allen übrigen betrachtet, und die Aufmerksamkeit des Beschauers bleibt lediglich auf dasselbe gerichtet; dann erscheinen in dem gewaltigen, wirksamen Fackellicht alle zarten Nuancen der Arbeit weit deutlicher, alle störenden Widerscheine hören auf, die Schatten werden entschiedener, die beleuchteten Teile treten heller hervor.

So konnte man zum Beispiel den Laokoon, in der Nische, wo er stand, nur bei Fackellicht recht sehen, weil kein unmittelbares Licht auf ihn fiel.«

Rom, den 14. April 1788

Es kam nämlich von Neapel Herr Antonio Rega zu Freund Meyer, ihm vertraulich ankündigend: er habe eine bedeutende antike Statue, jene Tänzerin oder Muse, welche in Neapel im Hof des Palasts Caraffa Colombrano gestanden und durchaus für ein gutes Werk gehalten worden sei.

Er wünsche diese zu verkaufen und frage deshalb an: ob nicht etwa Herr Meyer selbst oder einer seiner vertrauten Freunde sich zu diesem Handel entschließen könnte?

Mir ward die Sache sogleich mitgeteilt und wir eilten selbdritte zu dem Landungsplatz.

Rega hub sogleich ein Brett von der Kiste, und wir sahen ein allerliebstes Köpfchen, das noch nie vom Rumpfe getrennt gewesen, unter freien Haarlocken hervorblickend, und nach und nach aufgedeckt eine lieblich bewegte Gestalt, im anständigsten Gewande, übrigens wenig versehrt und die eine Hand vollkommen gut erhalten.

Wir konnten uns kaum von der Betrachtung losreißen, denn ein so reines wohlerhaltenes Altertum in einem leicht zu restaurierenden Zustande kam uns wohl niemals zu Gesicht.

Den Kredit hatte ich wohl, dieses bedeutende Kunstwerk anzuschaffen, und es war ein Augenblick, wo wir uns schon im Besitz des Bildnisses und solches in unserm großen Saal wohlbeleuchtet aufgestellt zu sehen glaubten.

Ich leugne nicht, daß der Gedanke dieses Wesen zu besitzen, bei mir tiefe Wurzeln gefaßt hatte. Ja, als ein Beweis, wie sehr ich mir hierin schmeichelte, mag das Bekenntnis gelten, daß ich dieses Ereignis als einen Wink höherer Dämonen ansah, die mich in Rom festzuhalten gedächten.

Glücklicherweise waren wir schon in den Jahren, wo die Vernunft dem Verstand zu Hülfe zu kommen pflegt. Wenn ferner bei der Absendung auch alles in möglichster Ordnung gehe, so könnten doch wegen der Erlaubnis der Ausfuhr eines solchen Kunstwerkes am Schluß noch Hindernisse entstehen und was alsdann noch wegen der Überfahrt alles noch für Widerwärtigkeiten zu befürchten seien.

Durch solche Vorstellungen wurde denn Begierde, Wunsch und Vorsatz gemildert, geschwächt, doch niemals ganz ausgelöscht, besonders da sie endlich zu großen Ehren gelangte; denn sie steht gegenwärtig im Museo Pio-Clementino.

Man wird es natürlich finden, daß ich bei meinen Abschiedsbesuchen jene anmutige Mailänderin nicht vergaß …

SIZILIEN

29. März bis 14. Mai 1787

Italien ohne Sizilien macht gar kein Bild in der Seele:
hier ist erst der Schlüssel zu allem.

Sizilien deutet mir nach Asien und Afrika,
und auf dem wundersamen Punkte,
wohin so viele Radien der Weltgeschichte gerichtet sind,
selbst zu stehen, ist keine Kleinigkeit.

Sizilien und Neugriechenland
läßt mich nun wieder ein frisches Leben hoffen.

Und bei allem dem seh' ich voraus,
daß ich wünschen werde anzukommen, wenn ich weggehe.

An Charlotte von Stein,
Rom, den 19. Februar 1787

Über der Erde schwebt ein Duft des Tags über, den ich nur aus den Gemälden und Zeichnungen des Claude kannte, das Phänomen in der Natur aber nie gesehen hatte.

Palermo, Dienstag, den 3. April 1787

Mit keinen Worten ist die dunstige Klarheit auszudrücken, die um die Küsten schwebte, als wir am schönsten Nachmittage gegen Palermo anfuhren. Die Reinheit der Konture, die Weichheit des Ganzen, das Auseinanderweichen der Töne, die Harmonie von Himmel, Meer und Erde.

Welch wundersame Ansicht ein solcher Duft entfernteren Gegenständen, Schiffen, Vorgebirgen erteilt, ist für ein malerisches Auge merkwürdig genug, indem die Distanzen genau zu unterscheiden, ja zu messen sind.

Wer es gesehen hat, der hat es auf sein ganzes Leben. Nun versteh' ich erst die Claude Lorrain und habe Hoffnung, auch dereinst im Norden aus meiner Seele Schattenbilder dieser glücklichen Wohnung hervor zu bringen.

Zu Eckermann, 10. April 1829

Die Bilder haben die höchste Wahrheit, aber keine Spur von Wirklichkeit. Claude Lorrain kannte die reale Welt bis ins kleinste Detail auswendig, und er gebrauchte sie als Mittel, um die Welt seiner schönen Seele auszudrücken.

NAUSIKAA

Ein weißer Glanz ruht über Land und Meer,
Und duftend schwebt der Äther ohne Wolken.

Sant' Agata, den 24. Februar 1787

Wir wurden sogleich durch die über die Mauern hängenden Pomeranzen auf beiden Seiten des Wegs begrüßt. Die Bäume hängen so voll, als man sich's nur denken kann. Mignon hatte wohl recht sich dahin zu sehnen.

MIGNON

Kennst du das Land, wo die Zitronen blühn,
Im dunkeln Laub die Gold-Orangen glühn,
Ein sanfter Wind vom blauen Himmel weht,
Die Myrte still und hoch der Lorbeer steht,
Kennst du es wohl?
Dahin! Dahin
Möcht ich mit dir, o mein Geliebter, ziehn.

NAUSIKAA

Die Pomeranze, die Zitrone steht
Im dunklen Laube, und die Feige folgt
Der Feige ...

An Karl von Knebel,
Rom, den 19. Februar 1787:

In wenigen Tagen gehts nach Neapel, dort erwartet mein eine neue Welt, die ich, wie die zerstückte hier, mit offnen und gesunden Augen anzusehen hoffe.

Neapel, den 27. Februar 1787

Man sage, erzähle, male was man will, hier ist mehr als alles.

Die Ufer, Buchten und Busen des Meeres, der Vesuv ... die Lusträume! –

Ich verzieh es allen, die in Neapel von Sinnen kommen, und erinnerte mich mit Rührung meines Vaters, der einen unauslöschlichen Eindruck besonders von denen Gegenständen, die ich heut' zum erstenmal sah, erhalten hatte.

Und wie man sagt, daß einer dem ein Gespenst erschienen, nicht wieder froh wird, so konnte man umgekehrt von ihm sagen, daß er nie ganz unglücklich werden konnte, weil er sich immer wieder nach Neapel dachte.

An Wilhelm von Humboldt,
Jena, am 26. Mai 1799

So hat mir auch mein Aufenthalt zu Neapel, und meine Reise durch Sizilien, eine gewisse nähere Anmutung zu dem ganzen griechischen Wesen verschafft, sowie mein Aufenthalt in Rom zu dem lateinischen.

Palermo, den 6. April 1787

Die heilige Rosalie, Schutzpatronin von Palermo, ist durch die Beschreibung, welche Brydone von ihrem Feste gegeben hat, so allgemein bekannt geworden, daß es den Freunden gewiß angenehm sein muß, etwas von dem Orte und der Stelle, wo sie besonders verehrt wird, zu lesen.

Ich sah durch die Öffnungen eines großen, aus Messing getriebenen Laubwerks Lampen unter dem Altar hervorschimmern, kniete ganz nahe davor hin und blickte durch die Öffnungen.

Ein schönes Frauenzimmer erblickt' ich bei dem Schein einiger stiller Lampen.

Sie lag wie in einer Art von Entzückung, die Augen halb geschlossen, den Kopf nachlässig auf die rechte Hand gelegt, die mit vielen Ringen geschmückt war. Ich konnte das Bild nicht genug betrachten; es schien mir ganz besondere Reize zu haben. Ihr Gewand ist aus einem vergoldeten Blech getrieben, welches einen reich von Gold gewirkten Stoff gar gut nachahmt. Kopf und Hände von weißem Marmor sind, ich darf nicht sagen in einem hohen Stil, aber doch so natürlich und gefällig gearbeitet, daß man glaubt, sie müßte Atem holen und sich bewegen.

Die Illusion, welche die Gestalt der schönen Schläferin hervorbrachte, auch einem geübten Auge noch reizend – genug, ich konnte mich nur mit Schwierigkeit von diesem Orte losreißen und kam erst in später Nacht wieder in Palermo an.

Taormina,
Montag, den 7. Mai 1787

Wenn man die Höhe der Felsenwände erstiegen hat, welche unfern des Meerstrandes in die Höhe steilen, findet man zwei Gipfel durch ein Halbrund verbunden. Was dies auch von Natur für eine Gestalt gehabt haben mag, die Kunst hat nachgeholfen und daraus den amphitheatralischen Halbzirkel für Zuschauer gebildet.

Am Fuße des stufenartigen Halbzirkels erbaute man die Szene quer vor, verband dadurch die beiden Felsen und vollendete das ungeheuerste Natur- und Kunstwerk.

Setzt man sich nun dahin, wo ehmals die obersten Zuschauer saßen, so muß man gestehen, daß wohl nie ein Publikum im Theater solche Gegenstände vor sich gehabt.

Rechts zur Seite auf höheren Felsen erheben sich Kastelle, weiter unten liegt die Stadt, und obschon diese Baulichkeiten aus neueren Zeiten sind, so standen doch vor alters wohl eben dergleichen auf derselben Stelle.

Nun sieht man an dem ganzen langen Gebirgsrücken des Ätna hin, links das Meerufer bis nach Catania, ja Syrakus; dann schließt der ungeheure dampfende Feuerberg das weite breite Bild, aber nicht schrecklich, denn die mildernde Atmosphäre zeigt ihn entfernter und sanfter als er ist.

Unter Taormina, am Meer,
Dienstag, den 8. Mai 1787

Kniep ist herabgekommen und hat zwei ungeheure Blätter, reinlichst gezeichnet, zufrieden und vergnügt, zurück gebracht. Beide wird er zum ewigen Gedächtnis an diesen herrlichen Tag für mich ausführen.

O. M. Freiherr v. Stackelberg,
Weimar, 9./12. August 1829

Goethe ließ mich nicht von sich ... Ich bekam seine Kunstsammlungen zu sehen, das Manuskript seiner Italienischen Reise zu lesen, welches jetzt zum Druck vorbereitet wird.

Eine ziemlich unbedeutende, große Aussicht von Taormina, die ihm Kniep gezeichnet, ersetzte ich mit meiner Aussicht von einem weit schöneren Standpunkte:

Sie haben erreicht, was ich strebte, sagte er über meine Zeichnungen.

Palermo, Sonnabend,
den 7. April 1787

In dem öffentlichen Garten, unmittelbar an der Reede, brachte ich im stillen die vergnügtesten Stunden zu.

Es ist der wunderbarste Ort von der Welt.

Regelmäßig angelegt, scheint er uns doch feenhaft; vor nicht gar langer Zeit gepflanzt, versetzt er ins Altertum.

Grüne Beeteinfassungen umschließen fremde Gewächse, Zitronenspaliere wölben sich zum niedlichen Laubengange, hohe Wände des Oleanders, geschmückt von tausend roten nelkenhaften Blüten, locken das Auge.

Eine hinter dem flachen Raum erhöhte Bank läßt einen so wundersam verschlungenen Wachstum übersehen.

Palermo, Sonnabend,
den 7. April 1787

Aber der Eindruck jenes Wundergartens war mir zu tief geblieben; alles rief mir die Insel der seligen Phäaken in die Sinne sowie ins Gedächtnis. Ich eilte sogleich einen Homer zu kaufen, jenen Gesang mit großer Erbauung zu lesen und eine Übersetzung aus dem Stegreif Kniepen vorzutragen.

Palermo, Dienstag, den 17. April

Es ist ein wahres Unglück, wenn man von vielerlei Geistern verfolgt und versucht wird!

Heute früh ging ich mit dem festen ruhigen Vorsatz, meine dichterischen Träume fortzusetzen, nach dem öffentlichen Garten, allein, eh ich mich's versah, erhaschte mich ein anderes Gespenst, das mir schon diese Tage nachgeschlichen. Die vielen Pflanzen, die ich sonst nur in Kübeln und Töpfen, ja die größte Zeit des Jahres nur hinter Glasfenstern zu sehen gewohnt war, stehen hier froh und frisch unter freiem Himmel und, indem sie ihre Bestimmung vollkommen erfüllen, werden sie uns deutlicher.

Im Angesicht so vielerlei neuen und erneuten Gebildes fiel mir die alte Grille wieder ein: ob ich nicht unter dieser Schar die Urpflanze entdecken könnte?

Eine solche muß es denn doch geben! Woran würde ich sonst erkennen, daß dieses oder jenes Gebilde eine Pflanze sei, wenn sie nicht alle nach einem Muster gebildet wären.

Ich bemühte mich zu untersuchen, worin denn die vielen abweichenden Gestalten voneinander unterschieden seien. Und ich fand sie immer mehr ähnlich als verschieden ... ein Weltgarten hatte sich aufgetan.

Padua, den 27. September 1786

Der botanische Garten ist desto artiger und munterer. Es ist erfreuend und belehrend, unter einer Vegetation umherzugehen, die uns fremd ist.

Bei gewohnten Pflanzen, sowie bei andern längst bekannten Gegenständen, denken wir zuletzt gar nichts, und was ist Beschauen ohne Denken?

Hier in dieser neu mir entgegentretenden Mannigfaltigkeit wird jener Gedanke immer lebendiger: daß man sich alle Pflanzengestalten vielleicht aus einer entwikkeln könne.

Auf diesem Punkte bin ich in meiner botanischen Philosophie stecken geblieben, und ich sehe noch nicht, wie ich mich entwirren will.

Rom, April 1788

Die Gesetzlichkeit der Pflanzenorganisation, die ich in Sizilien gewahr worden, beschäftigte mich zwischen allem durch, wie es Neigungen zu tun pflegen, die sich unsres Innern bemächtigen und sich zugleich unsern Fähigkeiten angemessen erzeigen.

Ich besuchte den botanischen Garten, welcher, wenn man will, in seinem veralteten Zustande geringen Reiz ausübte, auf mich aber doch einen günstigen Einfluß hatte.

Ich nahm daher Gelegenheit, manche seltenere Pflanzen um mich zu versammeln und meine Betrachtungen darüber fortzusetzen, sowie die von mir aus Samen und Kernen erzogenen fernerhin pflegend zu beobachten.

Ich pflanzte den schon einigermaßen erwachsenen Pinienspößling, Vorbildchen eines künftigen Baumes, bei Angelika in den Hausgarten, wo er zu einer ansehnlichen Höhe gedieh. Leider fand der neue Besitzer es unpassend, auf seinen Blumenbeeten ganz unörtlich Pinien hervorwachsen zu sehen.

Glücklicher waren einige Dattelpflanzen, die ich aus Kernen gezogen hatte. Wie ich denn überhaupt die merkwürdige Entwicklung derselben von Zeit zu Zeit beobachtete; die überbliebenen übergab ich einem römischen Freunde, der sie in einen Garten der Sixtinischen Straße pflanzte, wo sie noch am Leben sind, und zwar bis zur Manneshöhe herangewachsen.

Mögen sie den Besitzern nicht unbequem werden und fernerhin zu meinem Andenken grünen, wachsen und gedeihen.

Messina und auf der See,
Dienstag, den 13. Mai 1787

Die Karthager, Griechen und Römer und so viele nachfolgende Völkerschaften haben gebaut und zerstört.

Selinunt liegt methodisch umgeworfen, die Tempel von Girgenti niederzulegen waren zwei Jahrtausende nicht hinreichend, Catania und Messina zu verderben wenige Stunden, wo nicht gar Augenblicke.

Die Tempel von Pästum, Segeste, Selinunt, Girgent sind alle von Kalkstein, der mehr oder weniger sich der Tuffsteinart nähert, die in Italien Travertin genannt wird; ja die Tempel von Girgent sind alle von dem losesten Muschelkalkstein, der sich denken läßt.

Sie waren auch deshalb von der Witterung so leicht anzugreifen, und ohne eine andere feindliche Gewalt zu zerstören.

Palermo, Montag, den 9. April 1787

Heute den ganzen Tag beschäftigte uns der Unsinn des Prinzen Pallagonia, und auch diese Torheiten waren ganz etwas anders, als wir uns lesend und hörend vorgestellt.

Das Widerliche dieser von den gemeinsten Steinhauern gepfuschten Mißbildungen wird noch dadurch vermehrt, daß sie aus dem losesten Muscheltuff gearbeitet sind; doch würde ein besseres Material den Unwert der Form nur desto mehr in die Augen setzen.

Ich sagte vorhin Gruppen und bediente mich eines falschen, an dieser Stelle uneigentlichen Ausdrucks: denn diese Zusammenstellungen sind durch keine Art von Reflexion oder auch nur Willkür entstanden, sie sind vielmehr zusammengewürfelt.

Die vorzüglichste besteht gewöhnlich aus zwei Figuren, und ihre Base nimmt den größten vordern Teil des Piedestals ein; diese sind meistenteils Ungeheuer von tierischer und menschlicher Gestalt.

Um nun den hintern Raum der Piedestalfläche auszufüllen, bedarf es noch zweier Stücke; das von mittlerer Größe stellt gewöhnlich einen Schäfer oder eine Schäferin, einen Kavalier oder eine Dame, einen tanzenden Affen oder Hund vor. Nun bleibt auf dem Piedestal noch eine Lücke: diese wird meistens durch einen Zwerg ausgefüllt, wie denn überall dieses Geschlecht bei geistlosen Scherzen eine große Rolle spielt.

Daß wir aber die Elemente der Tollheit des Prinzen Pallagonia vollständig überliefern, geben wir nachstehendes Verzeichnis:

Menschen: Bettler, Bettlerinnen, Spanier, Spanierinnen, Mohren, Türken, Buckelige, alle Arten Verwachsene, Zwerge, Musikanten, Pulcinelle, antik kostümierte Soldaten, Götter, Göttinnen, altfranzösisch Gekleidete, Soldaten mit Patrontaschen und Gamaschen, Mythologie mit fratzenhaften Zutaten: Achill und Chiron mit Pulcinell.

Tiere: nur Teile derselben, Pferd mit Menschenhänden, Pferdekopf auf Menschenkörper, entstellte Affen, viele Drachen und Schlangen, alle Arten von Pfoten an Figuren aller Art, Verdoppelungen, Verwechslungen der Köpfe.

Vasen: alle Arten von Monstern und Schnörkeln, die unterwärts zu Vasenbäuchen und Untersätzen endigen.

Denke man sich nun dergleichen Figuren schockweise verfertigt und ganz ohne Sinn und Verstand entsprungen, auch ohne Wahl und Absicht zusammengestellt, denke man sich diesen Sockel, diese Piedestale und Unformen in einer unabsehbaren Reihe, so wird man das unangenehme Gefühl mitempfinden, das einen jeden überfallen muß, wenn er durch diese Spitzruten des Wahnsinns durchgejagt wird.

Palermo, Villa Pallagonia, Baghenia

Kniepen, dessen Künstlersinn innerhalb dieses Tollhauses zur Verzweiflung getrieben wurde, sah ich zum erstenmal ungeduldig; er trieb mich fort, da ich mir die Elemente dieser Unschöpfung einzeln zu vergegenwärtigen und zu schematisieren suchte.

Über das Gedicht ATHENOR von J. v. Klein, in Jenaische Allgemeine Literaturzeitung, 14. Februar 1805:

Als wir dieses Gedicht mit Sorgfalt zu lesen anfingen, haben wir eine ganz eigne Erfahrung gemacht.

Wir empfanden nämlich eine Art von Schwindel, wie sie den zu überfallen pflegt, dem etwas ganz Inkongruentes und also seiner Natur nach Unmögliches doch wirklich vor Augen steht.

Nach einigem Besinnen erinnerten wir uns schon einer ähnlichen Empfindung: es war die, wie wir den Garten und Palast des Prinzen Pallagonia besuchten, der nicht allein mit Ungeheuern ausstaffiert ist, sondern wo auch an der Architektur sorgfältig alle horizontalen und vertikalen Linien vermieden sind, so daß alles im Stehen zugleich einzustürzen scheint.

Palermo, Donnerstag, den 5. April 1787

Ein von dem ganzen Inselvolke angestaunter Brunnen existierte schwerlich, wenn es in Sizilien nicht schönen bunten Marmor gäbe, und wenn nicht gerade ein Bildhauer, geübt in Tiergestalten, damals Gunst gehabt hätte. Es wird schwer halten diesen Brunnen zu beschreiben. Auf einem mäßigen Platze steht ein rundes architektonisches Werk, nicht gar stockhoch, Sockel, Mauer und Gesims von farbigem Marmor; in die Mauer sind, in einer Flucht, mehrere Nischen angebracht, aus welchen, von weißem Marmor gebildet, alle Arten Tierköpfe auf gestreckten Hälsen herausschauen: Pferd, Löwe, Kamel, Elefant wechseln miteinander ab, und man erwartete kaum hinter dem Kreise dieser Menagerie einen Brunnen, zu welchem, von vier Seiten, durch gelassene Lücken, marmorne Stufen hinaufführen, um das reichlich gespendete Wasser schöpfen zu lassen.

Jener Brunnen in Palermo gehört unter die Vorfahren der Pallagonischen Raserei, nur daß diese hier, auf eignem Grund und Boden, in der größten Freiheit und Breite sich hervortut.

Sonnabend, den 2. Juni 1787

Wir gingen im Zimmer auf und ab, und sie stieß einen Laden auf, und ich erblickte, was man in seinem Leben nur einmal sieht:

Meer und Erde, Fels und Wachstum deutlich in der Abenddämmerung, klar friedlich, in einer zauberhaften Ruhe.

Dies alles mit einem Blick zu übersehen und den hinter dem Bergrücken hervortretenden Vollmond als die Erfüllung des wunderbarsten Bildes zu schauen, mußte wohl Erstaunen erregen.

Motta ist ein schöner bedeutender Fels.

An Charlotte von Stein,
Rom, den 2. Februar 1787

Das sehe ich nun wohl um einen allgemeineren Begriff von den Vulkanen zu haben, muß man den Ätna mit Verstand und Sorgfalt bereisen.

Catania, Sonnabend, den 5. Mai 1787

Folgsam dem guten Rate machten wir uns zeitig auf den Weg und erreichten, auf unsern Maultieren immer rückwärts schauend, die Region der durch die Zeit noch ungebändigten Laven.

Wir rückten dem roten Berge näher, ich stieg hinauf; er ist ganz aus rotem vulkanischem Grus, Asche und Steinen zusammengehäuft.

Um die Mündung hätte sich bequem herumgehen lassen, hätte nicht ein gewaltsam stürmender Morgenwind jeden Schritt unsicher gemacht; wollte ich nur einigermaßen fortkommen, so mußte ich den Mantel ablegen, nun aber war der Hut jeden Augenblick in Gefahr in den Krater getrieben zu werden und ich hinterdrein.

Den 2. März

Wir stiegen über sie an einem erst aufgeworfenen vulkanischen Hügel hinauf, er dampfte aus allen Enden. Der Rauch zog von uns weg, und ich wollte nach dem Krater gehn. Wir waren ungefähr fünfzig Schritte in den Dampf hinein, als er so stark wurde, daß ich kaum meine Schuhe sehen konnte. Das Schnupftuch vorgehalten half nichts, der Führer war mir auch verschwunden, die Tritte auf den ausgeworfenen Lavabröckchen unsicher, ich fand für gut umzukehren und mir den gewünschten Anblick auf einen heitern Tag und verminderten Rauch zu sparen.

Indes weiß ich doch auch, wie schlecht es sich in solcher Atmosphäre Atem holt.

Ringsum qualmte der Dampf aus tausend Ritzen, und nun standen wir wirklich auf der breiartig gewundenen, erstarrten Decke, die sich aber so weit vorwärts erstreckte, daß wir die Lava nicht konnten herausquellen sehen.

Castro Giovanni,
Montag, den 30. April 1787

Die Atmosphäre vor uns tief herab mit Wolken bedeckt, wobei sich ein wunderbar Phänomen in der größten Höhe sehen ließ.

Es war weiß und grau gestreift und schien etwas Körperliches zu sein; aber wie käme das Körperliche in den Himmel! Unser Führer belehrte uns, diese unsere Verwunderung gelte einer Seite des Ätna, welche durch die zerrissenen Wolken durchsehe:

Schnee und Bergrücken abwechselnd bildeten die Streifen, es sei nicht einmal der höchste Gipfel.

Girgenti, Mittwoch, den 25. April 1787

Nun stiegen wir zum Grabmal Therons hinab und erfreuten uns der Gegenwart dieses so oft nachgebildet gesehenen Monuments, besonders da es uns zum Vorgrunde diente einer wundersamen Ansicht: denn man schaute von Westen nach Osten an dem Felslager hin, auf welchem die lückenhaften Stadtmauern, sowie durch sie und über ihnen die Reste der Tempel zu sehen waren.

Unter Hackerts kunstreicher Hand ist diese Ansicht zum erfreulichen Bilde geworden; Kniep wird einen Umriß auch hier nicht fehlen lassen.

Noch eins bemerke ich: daß man sich ja die alten Städte nicht nach Bodmerischer Art türmend und mit weit erscheinenden Pforten, sondern gar einfach denken müsse, wie mich der Anblick von Girgent und Pästum belehrt hat.

Die nächste Station ward sodann bei den Ruinen des Jupitertempels gehalten.

Dieser liegt weit gestreckt, wie die Knochenmasse eines Riesengerippes, inner- und unterhalb mehrerer kleinen Besitzungen, von Zäunen durchschnitten, von höhern und niedern Pflanzen durchwachsen.

Alles Gebildete ist aus diesem Schutthaufen verschwunden. Wir schieden mit dem unangenehmen Gefühle, daß hier für den Zeichner gar nichts zu tun sei.

Girgenti, Mittwoch, den 25. April 1787

Mit Sonnenaufgang wandelten wir nun hinunter, wo sich bei jedem Schritt die Umgebung malerischer anließ.

Und so gelangten wir an das östliche Ende der Stadt, wo die Trümmer des Junotempels jährlich mehr verfallen, weil eben der lockre Stein von Luft und Witterung aufgezehrt wird.

Der Tempel steht gegenwärtig auf einem verwitterten Felsen; von hier aus erstreckten sich die Stadtmauern gerade westwärts auf einem Kalklager hin.

Die Schichten des Muschelkalks fallen alle gegen das Meer. Wundersam von unten und hinten ausgefressene Felsbänke, deren Oberes und Vorderes sich teilweise erhalten, so daß sie wie herunterhängende Fransen aussehen.

Girgenti, Mittwoch, den 25. April 1787

Der Tempel der Concordia hat so vielen Jahrhunderten widerstanden; seine schlanke Baukunst nähert ihn schon unserm Maßstabe des Schönen und Gefälligen.

Man findet noch Überreste eines feinen Tünchs an den Säulen, der zugleich dem Auge schmeicheln und die Dauer verbürgen sollte.

Die Ölbäume sind wunderliche Pflanzen; sie sehen fast wie Weiden, verlieren auch den Kern, und die Rinde klafft auseinander.

Aber sie haben dessenungeachtet ein festeres Ansehn. Man sieht auch dem Holze an, daß es langsam wächst und sich unsäglich fein organisiert.

Das Blatt ist weidenartig, nur weniger Blätter am Zweige. Heute habe ich auf sehr steinigem Boden die größten, ältesten Bäume gesehen.

Segesta, den 20. April 1787

Der Tempel von Segesta ist nie fertig geworden, und man hat den Platz um denselben nie verglichen, man ebnete nur den Umkreis, worauf die Säulen gegründet werden sollten; denn noch jetzt stehen die Stufen an manchen Orten neun bis zehn Fuß in der Erde, und es ist kein Hügel in der Nähe, von dem Steine und Erdreich hätten herunter kommen können.

Die Lage des Tempels ist sonderbar: am höchsten Ende eines weiten langen Tales, auf einem isolierten Hügel, aber doch noch von Klippen umgeben, sieht er über viel Land in eine weite Ferne.

Die Gegend ruht in trauriger Fruchtbarkeit, alles bebaut und fast nirgends eine Wohnung.

Segesta, den 20. April 1787

Die Säulen stehen alle; zwei, die umgefallen waren, sind neuerdings wieder hergestellt. Der Wind sauste in den Säulen wie in einem Walde, und Raubvögel schwebten schreiend über dem Gebälke.

Die Mühseligkeit, in den unscheinbaren Trümmern eines Theaters herumzusteigen, benahm uns die Lust, die Trümmer der Stadt zu besuchen.

Palermo, den 3. April 1787

Hat man sich nicht ringsum vom Meer umgeben gesehen, so hat man doch keinen Begriff von Welt und von seinem Verhältnis zur Welt. Als Landschaftszeichner hat mir diese große simple Linie ganz neue Gedanken gegeben.

Sonntag, den 1. April 1787

Bei trüblichem Himmel heller Mondschein, der Widerschein auf dem Meer unendlich schön.

Die Maler, um der Wirkung willen, lassen uns oft glauben, der Widerschein der Himmelslichter im Wasser habe zunächst dem Beschauer die größte Breite, wo er die größte Energie hat.

Hier aber sah man am Horizont den Widerschein am breitesten, der sich, wie eine zugespitzte Pyramide, zunächst am Schiff in blinkenden Wellen endigte.

Weder zu erzählen, noch zu beschreiben ist die Herrlichkeit einer Vollmondnacht, wie wir sie genossen, am Meeresufer hin und wider.

Es übernimmt einen wirklich das Gefühl von Unendlichkeit des Raums. So zu träumen ist denn doch der Mühe wert.

Catania, Freitag, den 4. Mai 1787

Am meisten hatte ich Zeolithe zu bewundern, aus den schroffen, im Meere stehenden Felsen unter Aci Castello.

Die Felsen von Aci zogen mich heftig an, ich hatte großes Verlangen mir so schöne Zeolithe herauszuschlagen, als ich bei Gioeni gesehen.

Ich hatte mir, überzeugt, daß es für mich keinen bessern Kommentar zur Odyssee geben könne, als eben gerade diese lebendige Umgebung, ein Exemplar verschafft und las es nach meiner Art mit unglaublichem Anteil. Doch wurde ich gar bald zu eigner Produktion angeregt, die, so seltsam sie auch im ersten Augenblick schien, mir doch immer lieber ward und mich endlich ganz beschäftigte.

Ich ergriff nämlich den Gedanken, den Gegenstand der Nausikaa als Tragödie zu behandeln. Und so saß ich, den Plan zu Nausikaa weiter denkend, eine dramatische Konzentration der Odyssee.

An Herder, Neapel, den 17. Mai 1787

Was den Homer betrifft, ist mir wie eine Decke von den Augen gefallen. Nun ich alle diese Küsten und Vorgebirge, Golfe und Buchten, Inseln und Erdzungen, Felsen und Sandstreifen, buschige Hügel, sanfte Weiden, fruchtbare Felder, geschmückte Gärten, gepflegte Bäume, hängende Reben, Wolkenberge und immer heitere Ebnen, Klippen und Bänke und das alles umgebende Meer im Geiste gegenwärtig habe, nun ist mir erst die Odyssee ein lebendiges Wort.

Caltanissetta,
Sonnabend, den 28. April 1787

Links in der Ferne war der hohe Berg bei Camerata merkwürdig und ein anderer wie ein gestutzter Kegel.

Das Erdreich ist rötlich, sehr tonig, vieles lag unbestellt.

Die Täler haben eine schöne Form, und ob sie gleich nicht ganz flach sind, so bemerkt man doch keine Spur von Regengüssen, nur kleine Bäche, kaum merklich, rieseln hin, denn alles fließt gleich unmittelbar nach dem Meere.

Übrigens hat die Gegend viel Ähnliches mit deutschen hügeligen und fruchtbaren Gegenden, zum Beispiel mit der zwischen Erfurt und Gotha, besonders wenn man nach den gleichen hinsieht.

Sehr vieles mußte zusammenkommen, um Sizilien zu einem der fruchtbarsten Länder der Welt zu machen.

Messina und auf der See,
Montag, den 13. Mai 1787

... doch beschäftigte uns, bei allmählicher Entfernung vom Ufer, die herrliche Ansicht der hinter der Stadt aufsteigenden Berge.

Kalabrien an der andern Seite.

Nun der freie Blick in die Meerenge nord- und südwärts, bei einer ausgedehnten, an beiden Seiten schön beuferten Breite.

Als wir dieses nach und nach anstaunten, ließ man uns links, einige Bewegung im Wasser, rechts aber, einen vom Ufer sich auszeichnenden Felsen bemerken, jene als Charybdis, diesen als Scylla.

Man hat sich bei Gelegenheit beider, in der Natur so weit auseinander stehenden, von dem Dichter so nah zusammengerückten Merkwürdigkeiten über die Fabelei der Poeten beschwert und nicht bedacht, daß die Einbildungskraft aller Menschen durchaus Gegenstände, wenn sie sich solche bedeutend vorstellen will, höher als breit imaginiert.

Neapel, den 17. Mai 1787

Nun bleibt meiner Sehnsucht kein Gegenstand mehr im Mittag, da ich auch gestern von Paestum zurückgekommen bin.

In einem beiliegenden Blatte sag' ich etwas über den Weg nach Salerno und über Paestum selbst; es ist die letzte und fast möcht' ich sagen, herrlichste Idee, die ich nun nordwärts vollständig mitnehme.

Auch ist der mittlere Tempel, nach meiner Meinung, allem vorzuziehen, was man noch in Sizilien sieht.

FAUST II, I. AKT

Der Säulenschaft, auch die Triglyphe klingt;
Ich glaube gar, der ganze Tempel singt!

An Charlotte von Stein, 29. Dezember 1786

Nach Sizilien geh ich nicht; ich bin nicht vorbereitet genug, habe weder Geld noch Zeit genug.

*An Herzog Karl August,
Neapel, den 27.–29. Mai 1787*

Das ist an Sizilien so lustig, daß, wenn man kaum eine Strecke ins Land hinein ist, gleich auf der andern Seite das Meer wieder erscheint und eine neue Küste uns entgegen lacht.

*An Philipp Friedrich Seidel,
Neapel, den 15. Mai 1787*

Die Reise durch Sizilien ist denn auch glücklich vollbracht und wird mir ein unzerstörlicher Schatz auf mein ganzes Leben bleiben.

Rom, den 10. November 1786

Ich lebe nun hier mit einer Klarheit und Ruhe, von der ich lange kein Gefühl hatte.

Alle Tage ein neuer merkwürdiger Gegenstand, täglich frische, große, seltsame Bilder und ein Ganzes, das man sich lange denkt und träumt, nie mit der Einbildungskraft erreicht. Ich bin nicht hier, um nach meiner Art zu genießen; befleißigen will ich mich der großen Gegenstände, lernen und mich ausbilden, ehe ich vierzig Jahre alt werde.

An Charlotte von Stein, 8. Juni 1787

Rom ist der einzige Ort in der Welt für den Künstler und ich bin doch einmal nichts anders.

Wäre nur die Rückreise im Winter oder gegen den Winter nicht zu beschwerlich.

*An Philipp Christoph Kayser,
Rom, den 14. Juli 1787*

Ich weiß noch nicht wie ich mich von Rom los machen will. Ich finde hier die Erfüllung aller meiner Wünsche und Träume, wie soll ich den Ort verlassen, der für mich allein auf der ganzen Erde zum Paradies werden kann.

Rom, April 1788

Nach zerstreuenden, mitunter peinlich zugebrachten Tagen, macht' ich den Umgang mit wenigen Freunden einmal ganz allein.

Nachdem ich den langen Corso, wohl zum letztenmal, durchwandert hatte, bestieg ich das Kapitol, das wie ein Feenpalast in der Wüste dastand.

Die Statue Marc Aurels rief den Kommandeur in Don Juan zur Erinnerung und gab dem Wanderer zu verstehen, daß er etwas Ungewöhnliches unternehme.

Alles Massenhafte macht einen eignen Eindruck zugleich als erhaben und faßlich, und in solchen Umgängen zog ich gleichsam ein unübersehbares summa summarum meines ganzen Aufenthaltes.

Dieses in aufgeregter Seele tief und groß empfunden, erregte eine Stimmung, die ich heroisch-elegisch nennen darf.

Rom, Donnerstag, 24. April 1788

Auf eine besonders feierliche Weise sollte jedoch mein Abschied aus Rom vorbereitet werden; drei Nächte vorher stand der volle Mond am klarsten Himmel, und ein Zauber, der sich dadurch über die ungeheure Stadt verbreitet, so oft empfunden, war nun aufs eindringlichste fühlbar.

Die großen Lichtmassen, klar, wie von einem milden Tage beleuchtet, mit ihren Gegensätzen von tiefen Schatten, durch Reflexe manchmal erhellt, zur Ahnung des einzelnen, setzen uns in einen Zustand wie von einer andern einfachern größern Welt.

Und wie sollte mir gerade in solchen Augenblicken Ovids Elegie nicht ins Gedächtnis zurückkehren, der, auch verbannt, in einer Mondnacht Rom verlassen sollte: Cum repeto noctem! seine Rückerinnerung im trauer- und jammervollen Zustande, kam mir nicht aus dem Sinn, ich wiederholte das Gedicht, das mir teilweise genau im Gedächtnis hervorstieg:

Wandelt von jener Nacht mir das traurige Bild vor die Seele,
Welche die letzte für mich ward in der römischen Stadt,
Wiederhol' ich die Nacht, wo des Teuren so viel mir zurückblieb,
Gleitet vom Auge mir noch jetzt eine Träne herab.
Und schon ruhten bereits die Stimmen der Menschen und Hunde,
Luna, sie lenkt in der Höh nächtliches Rossegespann.
Zu ihr schaut ich hinan, sah dann kapitolische Tempel,
Welchen umsonst so nah unsere Laren gegrenzt.

Cum subit illius tristissima noctis imago,
Quae mihi supremum tempus in Urbe fuit;
Cum repeto noctem, qua tot mihi cara reliqui;
Labitur ex oculis nunc quoque gutta meis.
Iamque quiescebant voces hominumque canumque:
Lunaque nocturnos alta regebat equos.
Hanc ego suspiciens, et ab hac Capitolia cernens,
Quae nostro frustra iuncta fuere Lari.

WENN ICH WORTE SCHREIBEN WILL, SO STEHEN MIR IMMER BILDER VOR AUGEN

Als hätte Goethe uns ein Motto für dieses Buch geben wollen, notierte er am 17. März 1787 in Neapel: »Wenn ich Worte schreiben will, so stehen mir immer Bilder vor Augen, des fruchtbaren Landes, des freien Meeres, der duftigen Inseln, des rauschenden Berges, und mir fehlen die Organe, das alles darzustellen.«*

Das Buch, das vor Ihnen liegt, ist der Versuch, die Bilder zu rekonstruieren, die Goethe damals vor Augen standen, und sein geschriebenes Werk auf die italienische Anschauung zurückzuführen.

Die *Italienische Reise,* von dem jungen Mann erlebt und skizziert, von dem alten Mann redigiert und in seine endgültige Fassung gebracht, ist ein Steinbruch der Phantasie, der dem Autor Goethe Bilder für sein späteres Werk lieferte.

Die Photographie von heute scheint mir das ideale Medium, dies sehr anschaulich und verständlich zu machen.

Ein Gedicht wie das *Lied der Mignon* schreibt man nicht, wenn man die »Goldorangen im dunklen Laub« nicht mit eigenen Augen gesehen und nicht selbst »dahin, dahin« gezogen ist.

Unser Buch richtet sich nicht allein an die, deren Beruf die Beschäftigung mit Goethes Werk ist, sondern auch an die, denen es schwerfällt, in sein enormes Werk einen Eingang zu finden.

Mag der *Faust* auch das große Schloßportal sein: die *Italienische Reise* ist der einladende Garteneingang zu Werk und Leben Goethes.

* *J. W. Goethe Werke,* Band 11, S. 229

Es ist von allen seinen Büchern dasjenige, das am wenigsten erdacht und am stärksten gesehen und erlebt wirkt.

Daß *Le Nozze di Figaro,* Mozarts »italienischste« Oper, im selben Jahr zur Welt kam, in dem Goethe nach Italien fuhr, will mir mehr wie Bestätigung als wie Zufall erscheinen.

Außer Fontanes *Wanderungen durch die Mark Brandenburg* und James Boswells *Journal of A Tour To The Hebrides* kenne ich kein Werk der Weltliteratur, das in gleichem Maße zum Sehen und Nacherleben einlädt.

Meine grundsätzliche Überlegung bei der Zusammenstellung der Texte war, daß Goethe selbst am besten zu den italienischen Bildern sprechen kann, besser als unsere Zeitgenossen.

Zugunsten der Lesbarkeit der nun zweihundert Jahre alten Texte habe ich mir einige Freiheiten beim Zitieren genommen, allerdings ohne die Originale in irgendeiner Weise zu entstellen. Diese Freiheiten entsprechen dem Recht des Lesers, selektiv und in ihm beliebiger Reihenfolge zu lesen.

Ich habe mich bemüht, Texte und Bilder so weit wie möglich miteinander zu verweben. Ein Beispiel, Seite 23:

Erst am Ufer des Benaco, des Lago di Garda hat Goethe die Alpen vollends hinter sich und Arkadien erreicht. Der See liegt in einem nach Süden offenen, nach Italien, nach Griechenland geöffneten Amphitheater, ähnlich dem, das er wenig später in Verona sehen wird. Es ist kein Zufall, daß er hier, wo er die Phantasie durch die »Wahrheit der fünf Sinne« ersetzt, sich zum ersten Mal seine Iphigenie vorstellen

– mehr noch, sie verkörpern – kann, wie sie sich, nicht anders als er, ins »Land der Griechen« wünscht.

Texte habe ich stets dann gekürzt, wenn sie zu viele Elemente enthielten, die den Bezug zum Bild verstellen.

Sofern der Originaltext keine Ortsnamen enthielt, habe ich diese ergänzt. Kürzungen mit Pünktchen zu kennzeichnen, habe ich vermieden, da sie den Text auseinandergerissen hätten. Einige Male habe ich Absätze eingefügt, damit die einzelnen Sätze für sich gelesen werden können und der Bezug zum Bild deutlicher wird.

In ganz wenigen Fällen sind im Original nicht beieinanderstehende Texte unter einem Datum zusammengefaßt.

Einige Formulierungen aus dem Tagebuch der *Italienische Reise,* die Goethe aus der Endfassung eliminiert hat, habe ich beibehalten: z. B. die vom »geheiligten Galgenberg«, die ihm beim Anblick von Assisi in den Sinn kam.

Wo Goethes Orthographie nur wie ein Druckfehler gewirkt hätte, habe ich sie der unsrigen angeglichen.

Mein Interesse ist das Fixieren der sinnlichen Eindrücke Goethes in Italien, nicht das Inventarisieren von Objekten und geographischen Angaben. Daher habe ich mir erlaubt, den Texten über die Vulkane Ätna und Vesuv Bilder allein vom Ätna gegenüberzustellen, zumal der zu Goethes Zeiten heftig tätige Vesuv heute still ist, während der Ätna kräftig rumort. Im wesentlichen geht es darum, die Anziehungskraft zu belegen, welche die vulkanistischen Phänomene auf Goethe hatten.

In einem ähnlichen Fall habe ich Goethes Text über sein Unwohlsein in den Katakomben (denen von San Sebastian) einem Bild der Katakomben unter dem Sepolcro dei Scipioni gegenübergestellt, da es mir allein darum ging, seine schnell ausbrechende Klaustrophobie, sein Unbehagen an unterirdischen Räumen zu veranschaulichen.

Die Stadt Neapel kommt in diesem Buch kürzer als es mir eigentlich lieb und der Bedeutung, die sie und ihr Ambiente für Goethe hatten, angemessen ist. Der Grund dafür ist einfach und zwingend: die Gegenwart der Stadt ist dem Bild, das Goethe von ihr hatte, zu sehr unähnlich geworden. Da allein die Gegenwart den Gegenstand der Photographie bildet, verboten sich Bilder vom heutigen Neapel.

Ein photographiertes Buch baut sich, ganz wie ein geschriebenes Buch, seine eigene, vom Gegenstand unabhängige, Logik und Dramaturgie auf. Den zeitlichen Ablauf von Goethes Reise habe ich nicht übernommen. Er ist kein entscheidendes Element.

Venedig ist der Ort, an dem Goethe das erste Mal in Italien verhält, und wo seine Bilder sich fixieren. Das Buch beginnt daher mit venezianischen Bildern.

Der erste und der zweite römische Aufenthalt sind in einem Kapitel zusammengefaßt. Der Abschied von Rom findet sich am Ende des Sizilien-Kapitels.

Bis zu seiner Begegnung mit Philipp Hackert in Neapel glaubte Goethe an seine Zukunft als Maler. Viele seiner italienischen Texte lassen sinnliche Possessivität ahnen: sie ist allen Künstlern eigentümlich, deren Medium das Sichtbare ist.

Goethe fühlte sich auf vielfältige Weise von *Stein* angezogen. Die *Italienische Reise* ist durchzogen von petrologischen Beschreibungen. Sie sind fast so häufig wie die Beobachtungen des Mondes. Er heftete seinen Blick nüchtern auf den Erdboden, verzaubert auf den seltsamen nächtlichen Begleiter.

Stein interessierte ihn nicht bloß als geologische Formation, mehr noch zog ihn der zu menschlichen Nachbildungen, zu schönen Frauen geformte Stein an.

Eine von ihnen, die Juno Ludovisi, mußte ihm nach Weimar folgen. Dort wartete die, die den ominösen Namen Stein trug, und vor der er nach Italien ausgewichen war (voller Angst, »*man* hätte mich sonst nicht fortgelassen«).

Hatten die steinernen Figuren auf ihn die Wirkung, der sich wohl keiner entziehen kann, der – wie ich – unzählige Stunden auf italienischen Friedhöfen verbracht hat: unter dem ernsten, unverwandten Blick schöner und entkleideter, verlockender doch unnahbarer Frauen aus Stein verbracht hat?

Im Anschluß an den Bericht über den erwogenen Ankauf der Statue von Colombrano (S. 116) – einer »lieblich bewegten Gestalt« – gibt es einen übergangslosen Schwenk auf die »anmutige Mailänderin«. Ich habe ihn mit Absicht stehenlassen. Auch wenn man von allen Spekulationen absieht: Was Goethe über die Juno-Büste (S. 90) oder die heilige Rosalie (S. 127) sagt, ist alles andere als steinern, es ist von verhaltener Erotik.

Die *Italienische Reise* ist Jugend- und Alterswerk zugleich, sie ist Kern und Schale einer Frucht, von der der Autor Goethe ein langes Leben zehren konnte.

Als er Ende 1786 Rom betrat, ahnte er, daß Italien

ihm »durchs ganze Leben zur Leitung und Fördernis« dienen würde.

Goethe ließ keinen kausalen, nur einen zeitlichen Zufall gelten*, und so muß es kein Zufall sein, daß die Dauer seiner Ehe ziemlich genau dem Zeitraum entspricht, der zwischen der Reise nach Italien und der Niederschrift der *Italienischen Reise* verging, letztere durchaus als ein Stück der Trauer um Italien, das fast vergangene Leben – und um seine Frau.

In der Rückschau auf Italien sah Goethe sich mit 68 Jahren wie »in einem verjüngenden Spiegel«.** Genau ein Jahr zuvor war Christiane von Goethe gestorben.

Jedem, der mit Photographie umgeht, möchte ich empfehlen, in Goethes Farbenlehre zu lesen, diesem eigenartigen Versuch einer subjektiven Wissenschaft.

Ist Photographie nicht genau das: eine subjektive Wissenschaft?

»Die Farben sind Taten des Lichts, Taten und Leiden«, heißt es in der Einleitung zur Farbenlehre.

Taten des Lichts, Leiden des Lichts, Aufzeichnung des Lichts: was anderes ist Photographie?

Als Leitlinie für meine photographische Arbeit sehe ich einen Satz von Max Beckmann an, den ich in seinen Tagebüchern gefunden habe: »Willst Du das Unsichtbare fassen, dringe, so tief Du kannst, ein in das Sichtbare.«

Meine Arbeit an den Bildern, von 1979 bis 1984 unternommen, erinnerte mich oft genug an Goethes Klage: »es ist ein saures Geschäft, das alte Rom aus dem neuen herauszuklauben, aber man muß es denn doch tun, und zuletzt eine unschätzbare Befriedigung hoffen«.*

Daß der Leser diese gelegentlich hat, möchte ich hoffen.

Danken möchte ich bei dieser Gelegenheit meinem Freund E. Kleßmann: Am 28. September 1974, im Angesicht der Dornburger Schlösser, kam uns beiden die Idee, Goethes Lebensreise mit den modernen Mitteln der Photographie »in die Sinne sowie ins Gedächtnis zu rufen«.** In dem vorliegenden Buch stecken zehn Jahre Nachdenken und Zuwachs an Erfahrung. Nicht vergessen sein soll dabei D. L., der den vor Dornburg gefaßten Plan mutig zu realisieren half. Besonderer Dank gebührt auch dem Verleger, Christoph Schlotterer, der dieses Buch in der angemessenen Form zu produzieren bereit war, sowie Klaus Detjen, der ihm seine unverwechselbare Form gab. – Un particolare ringraziamento all' Accademia Tedesca.

MICHAEL RUETZ
Rom, Villa Massimo, Mai 1985

* *J. W. Goethe Werke,* Band 22, S. 637
** An Zelter, 29. Mai 1817

* Rom, 5. November 1786
** *J. W. Goethe, Italienische Reise,* Palermo, 7. April 1787

VERZEICHNIS DER BILDER QUELLENANGABEN

Zitiert wurde nach der *Gedenkausgabe von Goethes Werken,* herausgegeben von Ernst Beutler, Artemis Verlag, Zürich 1949 ff.

Die erste halbfett gesetzte Ziffer verweist auf den Band, die zweite und alle nachfolgenden Ziffern auf die Seiten.

TB: *Tagebücher.* Ergänzungsband zur Gedenkausgabe. Herausgegeben von Peter Boerner. Artemis Verlag, Zürich 1964.

GL: *Goethes Leben Tag für Tag.* Von Robert Steiger. Artemis Verlag, Zürich 1982 ff.